dtv

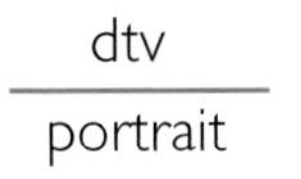

Herausgegeben von Martin Sulzer-Reichel

Martha Schad, geboren 1939, studierte an der Universität Augsburg Geschichte und Kunstgeschichte und promovierte mit ›Die Frauen des Hauses Fugger von der Lilie‹. Sie schreibt über historische Frauengestalten (Bayerns Königinnen; Frauen, die die Welt bewegten; Kaiserin Elisabeth und ihre Töchter) und gab den Briefwechsel zwischen Cosima Wagner und Ludwig II. von Bayern heraus.
In der Reihe dtv *portrait* erschien von ihr ›Elisabeth von Österreich‹ (31006).

Ludwig II.

von Martha Schad

Deutscher Taschenbuch Verlag

Weitere in der Reihe dtv portrait erschienene Titel
am Ende des Bandes

Andrea und Albert
17. Juni 2000

Originalausgabe
Juli 2000
4. Auflage Februar 2003

www.dtv.de

Umschlagkonzept: Balk & Brumshagen
Umschlagbild: Ludwig II.
Gemälde von Ferdinand Piloty (© AKG, Berlin)
Layout und Satz: Agents – Producers – Editors, Overath
Druck und Bindung: APPL, Wemding
Gedruckt auf säurefreiem, chlorfrei gebleichtem Papier
Printed in Germany ISBN 3-423-31033-2

Inhalt

1 König Ludwig II. als Großmeister des bayerischen Hausritterordens vom heiligen Georg. Gemälde von Gabriel Schachtinger, fertiggestellt erst im Jahr nach Ludwigs Tod, 1887

Erbprinz, Kronprinz, König

»Es ist doch ein prächtiges Gefühl, Vater zu sein.«

Das lang ersehnte Kind: Erbprinz Ludwig

In Schloss Nymphenburg, der Sommerresidenz der bayerischen Kurfürsten und Könige, damals weit vor den Toren der Haupt- und Residenzstadt München gelegen, wurde dem bayerischen Kronprinzenpaar Maximilian und Marie der lang ersehnte Erbprinz geboren. Am 25. August 1845, morgens um 0.30 Uhr, verkündete der durch die schweigende Nacht hinrollende Kanonendonner die frohe Botschaft.

Der Erbprinz kam im Grünen Salon des Schlosses zur Welt. Als Kronprinzessin Marie nach einer mehr als zwölfstündigen Geburt das Bettchen mit ihrem »Engelchen« neben sich stehen hatte, dankte sie Gott für das große Glück.

Schloss Nymphenburg wurde festlich geschmückt und beleuchtet, als schon einen Tag nach der Geburt das Kind im Steinernen Saal durch den vierundachtzigjährigen Erzbischof Lothar Anselm Freiherr von Gebsattel auf die Namen Otto Friedrich Wilhelm Ludwig getauft wurde. Taufpaten waren

Kronprinz Maximilian schilderte die Ereignisse rund um die Geburt seines ersten Kindes in einem Brief seinem Schwager Prinz Adalbert von Preußen: »Diese Zeilen sollen Dir die frohe Botschaft bringen, daß der Herr unsere theuere Marie mit einem holden, starken Knäblein gesegnet hat, und zwar an meines Vaters Geburtstag, worüber er innig erfreut ist. Sei fest überzeugt, daß ich den ernsten, Gott sei Dank! – nun glücklich überstandenen Augenblick mir keineswegs leicht gedacht und ihn zu leicht genommen, sondern auf Alles Bedacht genommen habe; … meine beiden Eltern wohnten ihr bei; sie wollten nicht fehlen; meine Mutter stand Marien mit aller Liebe bei: daß ich selbst ihr Schmerzenslager fast nicht verließ, kannst Du Dir denken, so auch, was ich während der langen Zeit litt. Gegen 4 Uhr Morgens begannen zwar nur ganz leise die Wehen. Marie sagte es mir nach 6 Uhr und 12½ Nachts waren sie erst beendet, wo der Kleine das Licht der Welt erblickte. Der Augenblick, wo das Kind den ersten Schrei tat, war ein herrlicher. Die gute Marie hatte plötzlich alle Schmerzen vergessen: sie litt lange und viel und benahm sich sehr schön, sogar rührend dabei. Sie, wie der Kleine, sind, Gott sei Dank! recht wohl und schlafen viel und lang; es ist doch ein prächtiges Gefühl, Vater zu sein!«

2 König Ludwig I. von Bayern. Gemälde von Joseph Stieler, 1825

zwei Könige: der Großonkel des Kindes, Friedrich Wilhelm IV. von Preußen, und der Onkel Otto von Griechenland, der aber nicht anwesend sein konnte. Der Täufling war der Obersthofmeisterin der Kronprinzessin, Euphrasia von Pillemont, anvertraut worden, denn die Wöchnerin nahm am Tauffest nicht teil. Stolz trug der Großvater, König Ludwig I. von Bayern, seinen Enkel im spitzenbesetzten Taufkleidchen auf dem Arm. Die Taufkerze hielt Prinz Adalbert, Maximilians jüngster Bruder.

Einige Tage nach der Taufe gelang es dem Großvater, die jungen Eltern zu überzeugen, dass ihr Sohn besser den Namen Ludwig tragen sollte, da er doch am Tag des heiligen Ludwig, der zugleich sein eigener Geburtstag war, das Licht der Welt erblickt hatte. Auf diese Weise wurde der als Otto Getaufte künftig Ludwig gerufen.

Zur Geburt des Erbprinzen häuften sich die Geschenke aus nah und fern in der Residenz. Es fanden sich auch kleine Gedichte darunter. Eines davon von einem gewissen Greger lau-

An den Erstgeborenen meines Sohnes Max, 6 Tage nach seiner Geburt:
Sey mir willkommen, mein Enkel, dessen Name der meine;
Tag und Stund der Geburt, sie hast mit mir du gemein.
Sey mir willkommen! Ich rufe es laut aus der Fülle des Herzens,
Wird, von dem Teutschensinn wirksam das deine erfüllt;
Von dem Glauben der Väter, dem heiligen welcher verbindet
Unzertrennlich das Volk mit dem beschützenden Thron.
Bist hingewiesen auf mich von dem Himmel, der andere Ludwig
Lebe in dir noch fort, lebend schon lange nicht mehr.
Sink' ich in's Meer der Ewigkeit hin, erhebe dich ein Herrscher.
Aber es herrscht nur der, welcher sich selbst beherrscht.
Dessen sey immer gedenk. Sey beglückend beglückt.
Es umfange wie der Aether die Welt so deine Liebe dein Volk.
Ludwig I. von Bayern, 31. August 1845

tete, in seiner Schlichtheit besonders anrührend:

»Schlaf Prinzchen! Schlafe süß!
Dir blüht ein Paradies;
Die Engel dienen dir,
Und bringen für und für
Dir alles Heil!

Schlaf Prinzchen! Schlafe süß!
Dir blüht ein Paradies,
In dem der Lenz stets weilt,
Dir alle Freuden teilt
Aus voller Hand.«

3 König Otto I. von Griechenland, um 1833

Ludwigs Mutter Marie, eine Nichte des Königs Friedrich Wilhelm III. von Preußen, war seit Oktober 1842 Kronprinzessin von Bayern. Die Jüngste von sieben Geschwistern, am 15. Oktober 1825 in Berlin geboren, verlebte einige Jahre mit ihren Eltern in Köln und Mainz. Der Sommersitz ihrer Familie war ein Schloss in Fischbach in Schlesien. Im Dezember 1841 hatte sich der dreißigjährige Kronprinz Maximilian »mit den wundgelaufenen Freiersfüßen« entschlossen, die sechzehnjährige Hohenzollern-Prinzessin Marie zu heiraten. Die für den Januar 1842 angesetzte Verlobung in Berlin musste verschoben werden, da die Braut an Masern erkrankt war. Und bevor an eine Hochzeitsfeier gedacht werden konnte, stand noch ein weiteres Fest ins königlich-preußische Haus: die Konfirmation der Braut in der Dorfkirche in Fischbach – eine Zeremonie, an der zu ihrer Freude auch ihr katholischer Bräutigam teilnahm. Die feier-

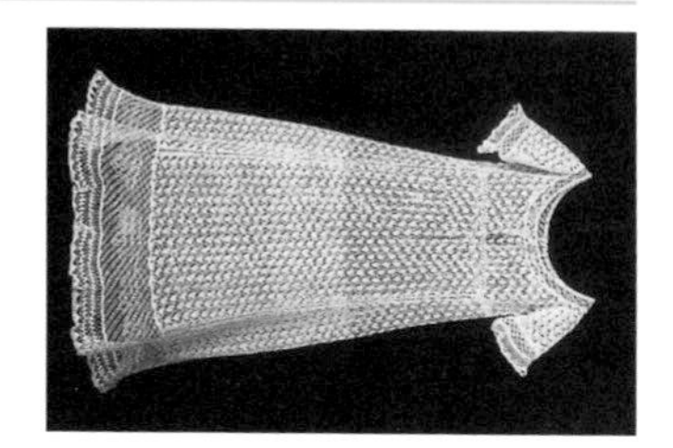

4 Das 63 cm lange Taufkleid Ludwigs war besonders kostbar. Bei der äußerst fein gestrickten, empfindlichen Arbeit waren die Ärmel mit Valenciennes-Spitze aus Leinen besetzt. Der untere Saum bestand aus Filetspitze in Baumwolle.

5 Die Allerheiligen-Hofkirche in München, Innenansicht. Hier fand die katholische Trauung zwischen Kronprinz Maximilian von Bayern und Marie von Preußen statt.

liche evangelische Prokurativtrauung der Prinzessin mit dem Kronprinzen Maximilian von Bayern fand am 5. Oktober 1842 in Berlin statt. An der Seite der Braut stand also nicht ihr zukünftiger Ehemann, sondern Wilhelm Prinz von Preußen als Vertreter des bayerischen Kronprinzen. Es klingt wie eine Ironie des Schicksals: Der spätere Kaiser Wilhelm I., der 1871 Ludwig II. die Vollsouveränität nehmen sollte, kniete 1842 neben dessen Mutter am Altar.

Die Reise der Kronprinzessin von Berlin nach München glich einer Jubelfahrt, die Ankunft in München vor der Residenz war geradezu rührend. Die Braut sprang aus ihrer Kutsche, lief auf ihren Bräutigam zu, und entgegen jeder Hofeti-

Kronprinzessin Marie hatte sich sehr gewünscht, dass ihre Eltern bei der Geburt ihres ersten Kindes zugegen wären. Sie sollten jedoch ihren bayerischen Enkel nie sehen. Maries Mutter war Prinzessin Marianne von Hessen-Homburg (1785–1846), Tochter des Landgrafen Friedrich V. von Hessen-Homburg und Caroline von Hessen-Darmstadt; ihr Vater Wilhelm (1781–1851) entstammte der Hohenzollerndynastie, ein Prinz mit einer bedeutenden Ahnenreihe, zu der auch König Friedrich II. von Preußen zählte. Maries Eltern befanden sich schon auf dem Weg zu ihrer Tochter nach Bayern, als die Mutter während

Großherzogin Mathilde von Hessen-Darmstadt, die Schwester des Bräutigams, schrieb über die Trauung: »Max und Mariechen sind, dem Himmel sei Dank, das Bild des Glücks. Als sie vom Altar an der Hand unseres Max wegtrat, erschien sie uns wie sein schützender Engel. Ergreifend war es, als wir die heilige Schwelle der Kirche betraten, wie plötzlich ein Sonnenstrahl sich die Bahn durch den bewölkten Himmel brach und freundliches Licht herabsandte. Max weinte sehr bei der Trauung; Marie war unendlich gefasst, aber sehr blässlich – ihr Ausdruck verklärte sich, als sie den Altar verliess.«

kette umarmte sie ihn. Die katholische Trauung erfolgte am 12. Oktober, dem Maximilianstag, in der Allerheiligen-Hofkirche. Bereits im Februar 1843 kündigte sich bei Marie das erste Kind an, doch sie erlitt drei Monate später eine Fehlgeburt.

Zur Amme Ludwigs wurde eine gesunde, kräftige Bauersfrau aus Miesbach bestimmt, bei der der Säugling bis zum achten Monat prächtig gedieh. Dann erkrankte die Amme an einem »heftigen Fieber mit Gehirnerscheinungen«, offensichtlich einer Meningitis, an der sie schließlich starb. Wie tief dieser frühe Verlust das Kind traf, das sogleich abgestillt werden musste, wird daraus deutlich, dass es körperlich verfiel und dem Tod nahe war. Es kränkelte einige Monate und litt an Fieberkrämpfen. Im Verlust der Amme kann vielleicht ein Bezug zu einer oft »mütterlichen, genauer: ammenhaften

6 Marie von Preußen. Gemälde von Joseph Stieler, 1843

eines Aufenthaltes in Darmstadt erkrankte, so dass sie nach Berlin zurückkehren musste. Im April verstarb Maries Mutter in Berlin. Kronprinz Maximilian, Marie und ihre Schwester Elisabeth umstanden das Totenbett der Mutter.

Beziehung« Ludwigs II. zu Personen, die er förderte, gesehen werden. Nach dem Tod der Amme wurde Sybille Meilhaus als Erzieherin für den kleinen Erbprinzen ausgewählt.

Die Wahl erwies sich als gut: Das Kind nahm wieder zu, wuchs und hatte bald die ersten drei Zähnchen. Die Erziehungspraktiken an den Höfen jener Zeit brachten es mit sich, dass die Eltern ihre Kinder häufig der Obhut ihrer Erzieher überließen und ohne »Anhang« ihren diversen Pflichten nachkamen. Dennoch versorgte Marie ihren Sohn selbst, soweit es ihr die vielfältigen Repräsentationspflichten ermöglichten. Als die Kronprinzessin im Juli 1846 von einer Reise nach Hohenschwangau zurückkehrte, eilte Sybille Meilhaus mit dem kleinen Prinzen aus München herbei, um sie zu treffen. Kurz vor dem Schloss scheuten die Pferde und der Wagen mit der Erzieherin und dem Kind drohte umzustürzen. Glücklicherweise verletzte sich niemand bei dem Unfall und am 25. August 1846 feierte die gesamte Familie Ludwigs ersten Geburtstag.

Beim zweiten Geburtstag des kleinen Ludwig im August 1847 weilten seine Eltern in Schlangenbad, einem Badeort im hessischen Taunus, der damals sehr in Mode war. Daher schrieb die Mutter einen Geburtstagsbrief »an ihr liebes Kindchen« in München mit dem Wunsch, dass Gott es segnen möge. Außerdem erstand sie für den kleinen Prinzen neben vielen Spielsachen diverse österreichische Soldatenfiguren sowie einige Kugeln. »Die Meilhaus wird Dir heute noch mehr Spiel-

7 Ludwigs Erzieherin Sybille Meilhaus war am 20. August 1814 in Hanau als Tochter des Weinhändlers Johann Meilhaus und dessen Ehefrau Magdalena Thekla zur Welt gekommen. Im Alter von 45 Jahren heiratete sie den General der Kavallerie August Ludwig Freiherr von Leonrod und verstarb am 20. April 1881. Ihr einstiger Schützling, mit dem sie bis zu ihrem Tod in Briefkontakt blieb, ließ ihr in Augsburg auf dem katholischen Friedhof an der Hermannstraße ein neugotisches Grabmal aus Carraramarmor errichten.

sachen geben. Ich habe diese Nacht von Dir geträumt und denke den ganzen Tag an Dich, liebes Kindchen! Papa gibt Dir viele Küsse und wünscht Dir Glück und Segen.« Für ein warmes Verhältnis zwischen den Ehegatten spricht, dass der bayerische Kronprinz Maximilian seiner Gemahlin zum Geburtstag ihres Kindes Blumen und eine Brosche in Gestalt eines kleinen Engels schenkte.

Zwischen Ludwig und seiner Erzieherin entstand bald ein sehr enges Verhältnis und eine äußerst liebevolle Beziehung. Als Beleg dafür mag dienen, dass der achtjährige Kronprinz seiner ebenso warmherzigen und frommen wie gebildeten Erzieherin, die er liebevoll »Aja« und »Millau« rief und die ein mütterlich-wohlwollendes Verhältnis zu ihm pflegte, zum Weihnachtsfest 1853 folgendes Gedicht widmete:

»Liebe Meilhaus,
Könnt ich mehr als wünschen, könnt ich geben,
Beste Millau, wie so hold so rein
Würde Dir dann jeder Tag entschweben,
Wie beglückt dies holde Fest Dir sein.
Doch da ich für jetzt nichts bess're habe,
Nimm von mir die Dankbarkeit als Gabe,
Lieb und Achtung trägt mein Herz für Dich,
Theure, liebe Du auch ferner mich!«

8 Ludwig im Alter von zwei Jahren mit Kinderbuch. Aquarell von E. Rietschel, 1847

Revolutionswirren und Geburt des Sohnes Otto

»Otto ist der Lieblichste.«

Am 20. März 1848 dankte König Ludwig I. ab und übertrug die Krone seinem Sohn Maximilian. Als Gerüchte einer bevorstehenden Revolution umgingen, boten Herzogin Ludovika und ihr Mann Herzog Maximilian in Bayern der hochschwangeren Marie an sie nach Possenhofen zu holen, um sie vor Aufregungen in München zu bewahren. Doch Marie blieb in der Residenz. Am 27. April 1848 brachte sie, zwei Monate zu früh, ihren zweiten Sohn zur Welt.

Die Abdankung Ludwigs I.

Ludwig I., seit 1825 bayerischer König, war ein durchaus liberal gesonnener Mann mit einer ausgeprägten Neigung zur Kultur und Wissenschaft, der sich für die Freiheitsbewegungen in Europa begeisterte und die Hauptstadt München zu einer Metropole machte. Außerdem trat er zunächst für die liberale Verfassung von 1818 ein. Doch bereits seit den dreißiger Jahren nahm seine Politik zunehmend reaktionäre Züge an. Die Demokratiebestrebungen im Vorfeld der deutschen Revolution von 1848 brachten den König, der sich als ein Herrscher von Gottes Gnaden verstand und keine »Einmischung« des Volkes in seine Entscheidungsgewalt dulden wollte, zunehmend in Bedrängnis. Als verheerend erwies sich schließlich Ludwigs Affäre mit Lola Montez. Maria Dolores Gilbert (1818–1861), Tochter eines schottischen Offiziers und einer Kreolin, war im Jahr 1846 als Tänzerin nach München gekommen und hatte nicht nur die Gunst des Publikums, sondern auch rasch das Herz Ludwigs I. gewonnen. Ihr schwindelerregender Aufstieg und ihr massiver Einfluss auf die Regierung Ludwigs trugen ihr bald den Spitznamen einer bayerischen Mme. Pompadour ein. Noch heute steht ihr Künstlername Lola Montez als Synonym für Frauen aus dem Showbusiness, die durch ihre privaten Beziehungen zu Politikern oder Adligen Aufsehen erregen und die Politik über das Bett zu bestimmen suchen. Die Liaison zwischen König und Tänzerin kam der Opposition in Bayern sehr gelegen, die ihm vorwarf, der Einfluss der Ausländerin hindere ihn die Staatsgeschäfte ordnungsgemäß zu führen. Als Ludwig seine Geliebte gegen den Widerstand des Adels auch noch zur Gräfin von Landsfeld erhob und alle Vorhaltungen der Geistlichkeit in den Wind schlug (berühmt wurde sein angeblicher Ausspruch gegenüber dem Münchener Erzbischof: »Bleib er bei seiner Stola, ich bleib bei meiner Lola!«), verlor er auch im konservativen Lager jeglichen Rückhalt und sah sich nach Ausschreitungen in München gezwungen abzudanken.

9 Lola Montez. Zeitgenössische Karikatur

Obwohl das Ansehen des Königshauses durch die Ereignisse, die zur Abdankung Ludwigs I. geführt hatten, stark gelitten hatte, nahm die Bevölkerung auch an dieser Geburt großen Anteil: wieder ein Neugeborener, der den Häusern Hohenzollern und Wittelsbach zugleich angehörte! Der zweite Knabe erhielt am 29. April im Königsbau der Residenz bei der Taufe die Namen Otto Luitpold Wilhelm Adalbert Waldemar. Als Pate fungierte abermals König Otto von Griechenland. Die Taufkerzen durften der zweieinhalbjährige Bruder Ludwig und dessen dreijähriger Vetter Ludwig, der spätere König Ludwig III., tragen.

Königin Marie verfolgte in den Zeitungen »die Begebenheiten in Berlin«. Sie wusste daher über das dortige Revolutionsgeschehen genau Bescheid und sah es als einen Beweis der Liebe Gottes an, dass trotz aller revolutionärer Ideen in Bayern nie echte Bestrebungen aufkamen, das Königtum zu stürzen oder in dem Maße, wie im restlichen Deutschland angestrebt, in seiner Macht zu beschneiden: »wahrlich eine Seltenheit, eine Gnadengabe Gottes in dieser traurigen Zeit, da alle Bande gelöst scheinen und leider auch zwischen König und Volk«. Nicht zuletzt ihr war es jedoch zu verdanken, dass das Band zwischen König und Volk wieder fester geknüpft wurde. Marie war in ihrer Jugendlichkeit und Herzlichkeit sehr beliebt und wesentlich volkstümlicher als ihr Gemahl, der stark introvertiert wirkte, stets Hochdeutsch und nicht Bayerisch sprach und als »ernst, gemessen, verschlossen, ohne Leidenschaftlichkeit« galt. Paul Heyse berichtet in seinen Jugenderinnerungen, dass sich das Volk der Königin zutraulicher genähert habe als dem »Herrn Kini«.

Nach den Revolutionswirren gestaltete sich in der zweiten Jahreshälfte 1848 das Leben am königlichen Hof wieder ruhiger. Das Königspaar bezog in der Residenz die Zimmer, die

In dieser Zeit König zu werden, das war eine schwere, schwere Aufgabe, eine harte Last, die der Herr meinem armen König auferlegt; aber er trägt sie im Glauben, im kindlichen Vertrauen zu IHM. ER wird ihm helfen.

Marie von Bayern, 1848

10 Königin Marie mit ihre Söhnen Ludwig und Otto im Jahr 1848. Lithografie

zuvor Ludwig I. bewohnt hatte. Weilte die königliche Familie nicht in München, dann hielt sie sich am liebsten auf Schloss Hohenschwangau auf. Dazu kam 1849 als zweiter königlicher Sommersitz eine Villa am Fuß des Fürstensteins bei Berchtesgaden. Um seiner Frau eine Freude zu bereiten, ließ der König in der Blöckenau ein Schweizer Haus bauen, das dem Mariannen-Cottage in Fischbach, also dem Schweizer Haus seiner Schwiegermutter Marianne, entsprach. Außerdem veranlasste er die Anlage einer schönen Idylle auf der Roseninsel im Starnberger See.

In München ließen die offiziellen Verpflichtungen dem König kaum Zeit für die Söhne. Er sah sie nur mittags beim zweiten Frühstück und abends bei der Hoftafel. Dabei reichte er ihnen meist nur die Hand zum Gruß. Jugendliche Streiche und Pflichtversäumnisse maßregelte der Vater oft mit Prügeln, eine Maßnahme, die er für unabdingbar hielt, damit aus den Kindern einmal tüchtige Fürsten würden. Später bekannte Ludwig einmal: »Wir haben vor unserem Vater gezittert.« Außerdem fühlten sich die Prinzen von oben herab behandelt. Vater und Söhne lebten eher auf Distanz und Ludwig empfand es als traurig, dass er höchstens en passant mit einigen gnädigen, kalten Worten gewürdigt wurde. Der Vater seinerseits kritisierte, dass Ludwig nichts interessiere, was er an-

---

Maximilian II. Joseph, geboren am 28. November 1811 in München, bestieg nach der Abdankung seines Vaters Ludwig I. im März 1848 den bayerischen Königsthron. In seiner Außenpolitik standen die deutsche Frage und das Kräfteverhältnis zwischen Österreich und Preußen im Vordergrund, zwischen denen Bayern in der Orientierung seiner Politik wählen musste. Als großer Förderer der Kunst und der Wissenschaft gründete er im Jahr 1858 die Historische Kommission der Akademie. Er regierte bis zu seinem frühen Tod am 10. März 1864.

rege. Erschwerend kam hinzu, dass Maximilian II. monatelang in Italien oder bei seinem Bruder Otto in Griechenland weilte. Maximilian litt an immer wiederkehrenden unerträglichen Kopfschmerzen und erhoffte sich in wärmeren Gefilden Besserung. Königin Marie klagte häufig darüber, dass sie so lange allein sei.

Die beiden Prinzen wuchsen keineswegs isoliert von anderen Kindern auf. Wie aus vielen erhaltenen Briefen herauszulesen ist, besuchten sich die Kinder der verschiedenen Zweige des Hauses Wittelsbach im Jünglingsalter gegenseitig häufig und schrieben sich Briefe. Die Söhne Luitpolds von Bayern, die Prinzen Leopold und Ludwig, der spätere König Ludwig III., kamen jahrelang jeden Sonntag mit den königlichen Vettern Ludwig und Otto zusammen.

Im Winter in der Residenz, im Sommer meist im Nymphenburger Garten fanden oft »wilde Spiele« statt. Und wenn die junge Königin in der Residenz mit ihren Söhnen Fangen spielte, war dies zwar gegen die Hofetikette, die Buben aber strahlten vor Freude. Zu den Spielgefährten zählte auch der Sohn des damals noch bürgerlichen Arztes Gietl, desgleichen Helene von Dönniges, Tochter des Historikers und Staatsmannes Wilhelm von Dönniges, jenes Mannes, der am Hof den größten Einfluss auf den König hatte. Helene von Dönniges schilderte ihre Zeit als »erlesene

11 Maximilian II. Joseph, König von Bayern, in der Robe des Großmeisters des Hubertusritterordens. Gemälde von Wilhelm von Kaulbach, 1852/1853

Spielkameradin des Kronprinzen als eine sehr glückliche«. Die Kinderspiele waren meist – trotz einer Vielzahl an Spielsachen – rein phantastischer Art. »Elfensein war unser höchstes Ideal. Gardinen und Portieren wurden zu Blumen und Flügelgewändern, in die wir uns hüllten, in denen wir wohnten – und die märchenhaftesten Vorgänge erlebten wir in unserer Kinderphantasie.« Helene erinnerte sich an das bis heute bei wohl allen Kindern beliebte Spiel des Hinunterspuckens oder daran, wie sie den schönen, großen, plastisch gearbeiteten Zinnsoldaten die Köpfe umdrehten. Der Streit um ein Bilderbuch konnte im »wüstesten Handgemenge« enden – der Kronprinz als Sieger, der eine Handvoll »meines goldroten Haares ausgerissen in der kleinen Hand hielt«.

Wie Prinz Leopold, Ludwigs Vetter, in seinen Aufzeichnungen überlieferte, versammelte die Großmutter Therese, die Gemahlin Ludwigs I., bis zu ihrem Tod bei einer Choleraepidemie in München 1854 an Sonntagen zwischen 12 und 13 Uhr alle anwesenden Kinder im Wittelsbacher Palais und ließ sie lithografisch gedruckte Bilderbogen mit Wasserfarben kolorieren. Alle Kinder waren eifrig bei der Sache, denn die Großmutter kaufte ihnen die Zeichnungen für ein paar Münzen ab, was das sehr geringe Taschengeld der Prinzen und Prinzessinnen etwas aufbesserte. An Familienfesttagen ging es bei den Großeltern Ludwig I. und Therese besonders lustig zu. Es gab immer Trinkschokolade und eine riesige Brezel sowie Altenburger Schokolade mit Kartoffelkuchen. Besonders aufregend fanden es die Kinder, dass sie vom Großvater persönlich bedient wurden. Außerdem hielt die Großmutter im Turmzimmer zwei Papageien und ein Affenpaar, das Maximilian ihr aus Griechenland mitgebracht hatte.

Königin Marie war eine enthusiastische Liebhaberin der bayerischen Berge. Die Hohenzollernprinzessin aus Berlin

---

Das bayerische Königspaar bemühte sich um einen regen Austausch mit seinen beiden Söhnen. Waren die Eltern längere Zeit von den Kindern getrennt, schrieben sie ihnen Briefe. Die Kinder ihrerseits legten ihren Antwortbriefen an die Eltern getrocknete Blumen bei. Als der Vater im März 1857 in Rom weilte, wünschte sich der fast neunjährige Otto: »Ich möchte recht gerne jetzt auch mit Ihnen in Rom Blumen pflücken! Hier findet man rein gar Nichts, als Veilchenknospen. Bei Herrn Klaß lerne ich täglich fleißig, mach schon kleine Aufsätze und ziemlich schwere Rechnungen. Am meisten freut mich der Unter-

sollte Bayerns erste Bergsteigerin werden. Die Söhne waren bei den Bergtouren der Mutter gerne dabei. Gemeinsam stiegen sie etwa auf den Säuling. Für den Weg von Hohenschwangau bis zur Bergspitze brauchten sie dreieinhalb Stunden. Vom zwölfjährigen Ludwig sind ausführliche Briefe an den Großvater erhalten, in denen auch seine Freude über die Wandertouren zum Ausdruck kommt. Im Berchtesgadener Land unternahmen die jungen Prinzen mit der Mutter Ausflüge an den Obersee, zur Eiskapelle und nach Wimbach. Sie bestiegen mit ihr die Schartzkehl- und die Königsalpe. Der Thronfolger beklagte sich »bitter« beim Großvater, dass er seine Mutter nicht auf den Untersberg begleiten durfte, den diese 1858 bestieg.

Eines Tages nahm Marie ihre Söhne mit auf die Edelweißsuche in den Wänden am Obersee. Dieser Ausflug am 10. September 1859 endete dramatisch. Die Königin und die beiden Prinzen wurden von zwei Hofdamen, dem Grafen La Rosée, Baron Wulffen und zwei Bergführern begleitet. Ziel war die Fischunkel am Obersee. Die Königin ermunterte die beiden »Bergprinzen« Edelweiß zu pflücken. Baron Wulffen begleitete sie, stürzte aber so unglücklich in der Felswand, dass er sich nicht mehr aufrichten konnte. Die Königin, die schneller zu Fuß war als alle anderen, rannte zum Obersee, um einen Arzt zu holen. Ludwig lief nach einem Priester. Der Schwerverletzte genas jedoch wieder, stürzte aber erneut ab, als er ein Jahr später zur Unglücksstelle zurückkehrte.

Das Jahr 1854 brachte für den Kronprinzen eine große Veränderung. Der zweiundfünfzigjährige Generalmajor Graf Theodor Basselet de La Rosée – *la rosée du soir de la Bavière*, die »Abendröte Bayerns« genannt – löste am 1. Mai die geliebte Erzieherin Sybille Meilhaus ab und übernahm, unterstützt von Baron Emil von Wulffen und Major Carl von Orff, dem Groß-

richt in der Geschichte und der Geographie … Ich freue mich, Sie, lieber Vater, bald wiederzusehen und mit Ihnen einige Zeit auf dem Lande verbringen zu dürfen. – Ich küsse Ihnen ehrfurchtsvoll die Hand und bin in aller Liebe Ihr dankbarer Sohn.«

vater des Komponisten Carl Orff, die Ausbildung der Prinzen. Religionsunterricht erteilten Domdechant Georg Carl von Reindl und der Abt von St. Bonifaz, Daniel Haneberg, der zugleich Beichtvater der Prinzen war.

Mit Beginn der Schulzeit bekamen die Prinzen auf ausdrücklichen Befehl des Vaters monatlich 90 Pfennig Taschengeld, das im Laufe der Jahre gesteigert wurde. Das erste Taschengeld verwendete Ludwig dazu, seiner Mutter als Geschenk ein Medaillon zu kaufen.

Nachdem der Schulunterricht für beide Prinzen begonnen hatte, sollte dieser nicht durch Reisen unterbrochen werden. Nur eine Ausnahme gestattete der Vater: Die Stadtoberen von Nürnberg baten den »königlichen Burgherren und seine erhabene Gemahlin« während deren fünfwöchigem Besuch 1855 in der stolzen Noris, die Prinzen dem Volk vorstellen zu dürfen. Mit dem Zug in Nürnberg angekommen, stürmten der zehnjährige Ludwig und der siebenjährige Otto der Mutter geradezu entgegen, küssten ihr die Hand und ließen sich herzen. Im Empfangssaal des Schlosses türmten sich die Spielwarengeschenke und die Buben wussten in ihrer Begeisterung nicht, womit sie zuerst spielen sollten.

Ab 1856 begann für Ludwig der humanistische Gymnasialunterricht, acht Stunden täglich, den der Altphilologe und Gymnasialprofessor des Münchener Maximiliansgymnasiums, Franz Steininger, übernahm. Latein, Griechisch, Deutsch und Geschichte standen auf dem Stundenplan. Otto lernte leichter als Ludwig. Mit 17 Jahren schrieb sich Ludwig an der Universität ein. Er hörte Vorlesungen und besuchte etliche Kollegien. So studierte er Physik bei Johann Jolly, Chemie bei Justus von Liebig sowie Logik und Geschichte der Philosophie bei Franz Steininger. Am 29. August 1863 erlebte der Kronprinz den Tag seiner Volljährigkeit. Besondere Bedeutung erlangte das

Lieber Großvater! Für Ihren lieben Brief und die guten Wünsche, sowie für das schöne Gedicht, wodurch Sie mir eine große Freude bereitet haben, spreche ich aus dem Grund meines Herzens meinen innigsten Dank aus. Am Festtage selbst war das Wetter herrlich; ich stand schon um ½5 Uhr auf und fischte. Sogleich fing ich einen herrlichen Hecht von neun und einem halben Pfund. Später erhielt ich viele Beglückwünschungen und Geschenke: Ein Bild aus der Allerheiligen Kirche, Bilder nach den Nibelungen von Schnorr, eine Nadel mit einem Schwan, ein Buch über Faust

12 Schloss und Park von Nymphenburg in München

Jahr 1863 für das bayerische Königspaar jedoch insbesondere im Hinblick auf die Einigungskriege 1866 und 1870/1871. Im September fand unter der Leitung Kaiser Franz Josephs von Österreich der Fürstentag in Frankfurt statt, bei dem sich die deutschen Fürsten über eine Reform des Deutschen Bundes verständigen sollten. Auf Wunsch ihres Mannes setzte sich Marie bei ihrem Onkel, König Wilhelm I. von Preußen, dem Gegenspieler Franz Josephs, dafür ein, dass auch er am Fürstentag in Frankfurt teilnehmen solle. Doch Wilhelm I. ignorierte den Wunsch und begab sich zur Kur nach Gastein. Allerdings machte er auf dem Weg dorthin zusammen mit Otto Fürst Bismarck in München Station. Maximilian bat seine Gemahlin den preußischen König so lange »festzuhalten«, bis er mit anderen Fürsten nach München hätte eilen können, um

und über die Werke von Shakespeare und andere. – Es kam eine Deputation aus München, welche auch zur Tafel geladen wurde. Nachmittags fuhren wir zum Schweizerhause, Abends war Beleuchtung. Die Mutter dankt herzlich für Ihren Brief und küßt die Hand; sowie Otto. – Wie freu ich mich, Sie, lieber Großvater, recht bald in bestem Wohlsein wiederzusehen! Indem ich Ihnen die Hand küsse, verbleibe ich mit inniger Liebe Ihr dankbarer Enkel Ludwig.

An Ludwig I. über den 18. Geburtstag

ihn von dort nach Frankfurt zu holen. Bismarck aber, der die Reichseinigung unter preußischer Führung und unter Ausschluss Österreichs anstrebte, wusste zu verhindern, dass Wilhelm am Frankfurter Treffen teilnahm. Damit scheiterte der letzte Versuch, einen großdeutschen Staat unter Einschluss (und Federführung) Österreichs zu gründen. Auch eine Einigung unter Ausschluss Preußens kam nicht zustande, da sich die deutschen Mittelstaaten dieser Vorstellung widersetzten.

Relativ unberührt von den großen politischen Begebenheiten setzte Ludwig sein Studium fort. Nach Abschluss der Vorlesungen in München plante er sich an der Universität Göttingen einzuschreiben. Doch dann starb ganz plötzlich sein Vater. In der Nacht vom 9. auf den 10. März 1864 knieten die beiden Prinzen mit ihrer Mutter viele Stunden an seinem Sterbebett. Dann wurden sie gebeten sich schlafen zu legen. Gegen 5 Uhr morgens verlangte der Sterbende nach ihnen und verabschiedete sich von der Königin und seinen Söhnen. Nur vier Wochen nach dem Tod Maximilians II. Joseph wurde auch der Erzieher des Kronprinzen zu Grabe getragen. So trat der junge König seine Herrschaft an, ohne sich auf die Erfahrung seines langjährigen Vertrauten stützen zu können.

Der Herrscher

»... ich bringe ein Herz mit auf den Thron ...«

Der durch den Tod seines Vaters zutiefst erschütterte Kronprinz wurde noch am gleichen Tag zum König ausgerufen. Er trat ein schweres Erbe an, innen- und außenpolitisch war er von Anfang an gefordert. Bei seiner Eidesleistung am 11. März 1864 schwor er: »Der allmächtige Gott hat meinen theuren, vielgeliebten Vater von dieser Erde abberufen. Ich kann nicht aussprechen, welche Gefühle meine Brust durchdringen. Groß und schwer ist die mir gewordene Aufgabe. Ich baue auf Gott, daß er mir Licht und Kraft schicke, sie zu erfüllen. Treu dem Eid, den ich soeben geleistet und im Geist unserer fast ein halbes Jahrhundert bewährten Verfassung will ich regieren. Meines geliebten Bayernvolkes Wohlfahrt und Deutschlands Größe seien die Zielpunkte meines Strebens. Unterstützen Sie mich alle in meinen inhaltsschweren Pflichten.«

Zu Lebzeiten des Vaters hatte man Ludwig und Otto nicht allzu oft in München gesehen. Als sie im Trauerzug schritten und aller Augen auf ihnen ruhten, machte Ludwig einen tiefen Eindruck. Der junge König war sportlich und körperlich sehr kräftig, ein guter Reiter und eifriger Schwimmer. »Sein Organ war wohlklingend und seine Diktion gut«, schrieb Graf Lerchenfeld, der bayerische Gesandte in Berlin, »nur reichlich feierlich und gänzlich humorlos.«

Der junge König widmete sich zu Beginn seiner Regentschaft den Regierungsgeschäften mit dem größten Eifer. Jene Minister, die sich vorgestellt hatten, er werde sich mit der Rolle einer Marionette begnügen, wurden sehr bald enttäuscht.

Der liebe Gott wird mir (mit festem Vertrauen blicke ich zu Ihm) sicher seinen Beistand in meinem schweren Berufe nicht versagen; ich bringe ein Herz mit auf den Thron, das in väterlicher Liebe für sein Volk schlägt, für seine Wohlfahrt erglüht; – davon können alle Bayern überzeugt sein! Was immer in meinen Kräften steht, will ich tun, um mein Volk zu beglücken; sein Wohl, sein Friede seien allein die Bedingnisse zu meinem eigenen Heil und Frieden!

Aus der Thronrede Ludwigs II., 11. März 1864

Er war der schönste Jüngling, den ich je gesehen habe. Seine hohe, schlanke Gestalt war vollkommen symmetrisch. Sein reiches, leicht gelocktes Haar und der leichte Anflug eines Bartes verliehen seinem Kopfe Ähnlichkeit mit jenen großartigen antiken Kunstwerken, durch welche wir die ersten Vorstellungen von dem Begriffe gewonnen haben, den die Hellenen von männlicher Kraft hatten.

Die Schriftstellerin Clara Tschudi über ihren Eindruck von Ludwig II., 1864

Ihre Hoffnungen, den König zu beherrschen, zerschlugen sich rasch und schon bald nahm Ludwig einige Umbesetzungen in seinem Kabinett vor.

Nach dem Thronwechsel geht aus den Briefen des Großvaters hervor, dass er sich einen größeren politischen Einfluss ausrechnete. Er mochte beim Enkel auf mehr Aufgeschlossenheit gehofft haben. Das Gegenteil war jedoch der Fall und Ludwig I. hielt es für nötig, an seine familiäre Position zu erinnern, um eigene Wünsche durchzusetzen: »Laß Dich durch Schmeichler nicht einnehmen, verwirf nicht die vielen Erfahrungen Deines Großvaters, der Dein Bestes will. Verhüte, daß es nicht in der Geschichte heißet: Ludwig II. grub das Grab der Monarchie.« Doch auch einiges Mitgefühl spricht aus den Briefen: »Armer Ludwig auch. Dessen Jugend hin ist, mit 18 Jahren schon auf den Thron kommt, in welchem Alter er keine Erfahrung haben kann, keine Geschäftskenntnis und das in welcher Zeit!«

Laut der bayerischen Verfassung von 1818 mit Änderung von 1848 vereinigte der König als Oberhaupt des Staates alle Rechte der Staatsgewalt in seiner Hand. Seine Person war heilig. Seine Macht stammte nicht vom Volk, sondern unmittelbar von Gott: ein Gottesgnadentum.

Wie seine Vorgänger auf dem bayerischen Königsthron, bestimmte Ludwig II. die Gesamtpolitik des Landes, er war die letzte Instanz in der Gerichtsbarkeit, er befehligte die bayeri-

Morgens kommen die Sekretäre um ½ 9–½ 10 oder 10 Uhr. Zweimal in der Woche kommt Hofmann, dieser um 10–11: um 11 Uhr jeden Tag ein Minister, dann nehme ich ein zweites Frühstück ein und erteile gewöhnlich um 12 Uhr Audienzen, fahre und gehe; um 4 Uhr ist die Tafel, um 6 Uhr kommt abwechselnd je einer von den Sekretären. Leinfelder liest dann die Zeitungen vor, was bis gegen 9 Uhr dauert; dann ist Tee.

An Sybille Meilhaus über einen Arbeitstag 1864

sche Armee, er berief und entließ die Minister. Das Verbindungsglied zwischen der königlichen Regierung und dem König bildete das Kabinettssekretariat. Nur der Kabinettssekretär hatte direkten Zugang zum Monarchen.

Seiner Aufsichtspflicht über die Verwaltung kam Ludwig bis in die letzten Tage seines Lebens stets nach. Insgesamt zählte man für die zweiundzwanzigjährige Regierungszeit 100 000 Signate mit des Königs Unterschrift. Dabei handelte es sich nicht nur um bloße Unterschriften, sondern die Akten tragen in vielen Fällen Bemerkungen des Königs, die auf eine nähere Beschäftigung mit der Vorlage schließen lassen.

Insgesamt sechsmal berief Ludwig neue Vorsitzende des Ministerrats bzw. Minister des Königlichen Hauses und des Äußeren. Sie gehörten zwar alle dem liberalen Lager an, ihre politischen Ziele waren aber durchaus verschieden. In Preußen amtierte zum Vergleich 1862–1890 mit einer kleinen Unterbrechung nur ein einziger Ministerratsvorsitzender und Außenminister: Otto von Bismarck. Dieser mischte sich nach der Reichsgründung mehrfach massiv in bayerische Belange ein. Der preußische Gesandte Georg Freiherr von Werthern handelte mit und ohne Auftrag, aber immer im Sinne Bismarcks. Für ihn war, politisch gesehen, das bayerische Volk, »die große Masse noch ganz unzurechnungsfähig« und »in den Hän-

13 Ludwig II. von Bayern in Generalsuniform mit Krönungsmantel. Gemälde von Ferdinand Piloty, 1865

den einer geheimen, mächtigen, außerhalb des Landes wurzelnden Partei«, womit er die römische Kurie meinte. Im König sah er einen feigen, doppelzüngigen »Hanswurst«.

Als Beratungsgremium stand dem König ein 30 Mitglieder zählender Staatsrat zur Seite. Das Parlament bestand aus zwei Kammern, aus dem adligen Oberhaus, der Ersten Kammer der Reichsräte, und aus dem Unterhaus, der Zweiten Kammer der Abgeordneten, seit 1848 »Landtag« genannt. Während Ludwigs Regierungszeit existierte ein »Zweiparteiensystem«. Die konservativ-katholische, bäuerliche und großdeutsch gesinnte Patriotenpartei besaß zwar die Mehrheit, aber der König berief seine Minister stets aus dem liberalen Lager. Ohne Zustimmung von Oberhaus und König trat kein Gesetz in Kraft. Der König hatte das Recht, den für sechs Jahre gewählten Landtag einzuberufen, zu verlängern, zu vertagen oder aufzulösen. Die Kammern selbst hatten nur ein Petitions-, Beschwerde- und Antragsrecht.

14 Das Königreich Bayern in seinen acht Kreisen, Nürnberg 1836

Ludwig Freiherr von der Pfordten stand – wie bereits unter Maximilian II. – zunächst dem Ministerrat vor. Auch Franz Seraph von Pfistermeister war schon bei Ludwigs Vater im Hofsekretariat tätig gewesen. Nach dem Friedensschluss mit Preußen 1866 entließ der König »Pfi« und »Pfo« – Pfistermeister und von der Pfordten – aus dem »Allerhöchsten unmittelbaren Dienst«, da er ihnen ihre wagnerfeindlichen Intrigen nie

Gestern genehmigte ich Pfordtens Entlassungsgesuch. Der Elende, der sich in unseren Angelegenheiten schlecht benahm, ist nun fort, also Pfi und Pfo sind nun machtlos.

An Cosima von Bülow, 30. Dezember 1866

verzieh. Eine Rolle spielte vermutlich auch, dass Wagner wiederholt ihre Abberufung gefordert hatte. Für Pfistermeister kam Lorenz von Düfflipp und der eher opportunistische Liberale Johann von Lutz wurde in den Jahren 1866 und 1867 Sekretär des Königs. Im Sommer 1867 löste er Justizminister Eduard von Bomhard ab und wurde 1869 zugleich Staatsminister des Innern und für Kirchen- und Schulangelegenheiten. Schließlich, im Jahr 1880, übernahm er, nachdem er 1871 das Portefeuille für Justiz abgegeben hatte, den Vorsitz im Ministerrat.

Als Nachfolger von der Pfordtens wurde der von Richard Wagner vorgeschlagene Chlodwig Fürst zu Hohenlohe-Schillingsfürst berufen. Von der Pfordten habe gehen müssen, weil er mit seiner Politik gescheitert sei und ihm der Politiker immer unsympathischer geworden sei, schrieb Ludwig dem Großvater, der ihn vor Hohenlohe-Schillingsfürst gewarnt hatte. Max Graf von Holnstein, der einunddreißigjährige Adjutant und spätere Oberststallmeister, das Urbild eines rauen Altbayern, ein »Rossober«, der mit der Zeit beträchtliche Macht über den König bekam, war für die Berufung Hohenlohes eingetreten. Die Kulturpolitik und die Innenpolitik des neuen Ministerpräsidenten fand die Billigung Wagners wie auch des Königs.

Bestärkt durch Hohenlohe wandte sich Ludwig scharf gegen die beabsichtigte Dogmatisierung der päpstlichen Unfehlbarkeit, da er in ihr einen Angriff auf sein königliches Oberaufsichtsrecht sah. Er billigte deshalb das von dem bedeutenden Münchner Theologen Ignaz Döllinger entworfene Rundschreiben vom 9. April 1869, das die europäischen Regierungen dazu aufrief, gemeinsam einen entsprechenden Beschluss des bevorstehenden Vatikanischen Konzils zu verhindern. Damit zog sich der König die Feindschaft der Ultramontanen zu, vor allem der Jesuiten. Die Auseinandersetzung ging sogar so weit, dass sie eine Intrige anzettelten, die Ludwig zur Abdankung

---

Im Jahr 1864 hatte Papst Pius IX. die Enzyklika ›Quanta cura‹ veröffentlicht, in der er die Grundsätze des Liberalismus, wie er sich besonders in Preußen entwickelt hatte, scharf angriff. Verbunden mit der Ausrufung des Unfehlbarkeitsdogmas des Papstes empfanden dies viele inzwischen mächtige wirtschaftsliberale protestantische Kreise als Provokation. Vor allem in Preußen unter Führung Bismarcks sah man in der Haltung der Kirche eine Gefährdung des jungen Nationalstaats, doch auch in anderen deutschen Staaten spaltete sie die Bevölkerung. Es formierten sich die Bewegungen der **Ultramontanen** und der **Montanen**, also jener, die die Auf-

zwingen sollte. Ludwig gelang es jedoch, sich zu behaupten, und ein Jahr später wurden die Jesuiten aus Bayern ausgewiesen. Trotz dieses Erfolges führte Hohenlohes Eintreten gegen das Unfehlbarkeitsdogma zu einem Misstrauensvotum beider Kammern des bayerischen Landtags, das seinen Rücktritt als Ministerpräsident erzwang. Am 18. Februar 1870 genehmigte Ludwig II. trotz einiger Bedenken sein Entlassungsgesuch. An Hohenlohes Stelle trat der parteilose Graf Otto Camillus Hugo von Bray-Steinburg, der ehemalige Gesandte Bayerns in Wien und Berlin, St. Petersburg und Paris.

Schon etwa zwei Jahre nach Regierungsantritt zeigte sich, dass dem König das Leben in der Stadt nicht gefiel. Er nahm jede Gelegenheit wahr, in die Berge zu fliehen. So verbrachte er von 296 Regierungstagen im Jahr 1865 nur 68 in seiner Residenzstadt München. Die Regierungsgeschäfte wollte er aber weiterführen. Oft hatten seine Minister große Mühe, Ludwig aufzuspüren, wenn er, wie es vor allem im Sommer geschah, nach Lust und Laune von einem Jagdhaus zum anderen zog. Es kam vor, dass ein Kabinettsmitglied nach wiederholter Bitte um eine Audienz endlich von einer Stunde auf die andere in irgendeinen entlegenen Bergwinkel gerufen wurde. »Ich möchte um nichts in der Welt mein eigener Kabinettssekretär sein«, soll der König einmal gesagt haben. So kam es zu komischen Situationen, wenn etwa die Wiese vor dem Forsthaus in Altlach am Walchensee »Regierungssitz« wurde. Ludwig setzte sich, die schottische Mütze auf dem Kopf, im Reisekostüm an einen Tisch, vor ihm sein Kabinettschef im schwarzen Frack, den Zylinder unter dem Arm, der ihm mit lauter Stimme von den eingesandten Anträgen und Vorschlägen der Minister berichtete; dazwischen hin und wieder das Tönen einer Kuhglocke. Des Königs Lieblingspferd, die graue Stute Cosa Rara, stand neben dem Tisch, im Hintergrund lagerten die Reitknechte.

---

fassungen von »jenseits des Gebirges« (der Alpen) vertraten bzw. ablehnten. In Bayern erwies sich die Auseinandersetzung als besonders schwerwiegend, da dort die Verflechtung von katholischem Klerus und staatlicher Gewalt sehr eng war. Im überwiegend protestantischen Preußen nutzte Bismarck den Streit, um besonders die 1870 gegründete katholische Zentrumspartei als »Reichsfeinde« auszuschalten. Der sich entwickelnde Kulturkampf wurde mit harten Bandagen geführt. 1871 erließ Bismarck den »Kanzelparagrafen« und das Jesuitengesetz, mit denen er die Tätigkeit des Klerus überwachte und einschränkte; er führte die Zivilehe ein und stellte die Schu-

Ludwig II. und die Technik

»Mit Dir durch die Lüfte in Wirklichkeit zu fliegen ...«

Ludwig interessierte sich außerordentlich für die revolutionäre Entwicklung der Technologie, die in der zweiten Hälfte des 19. Jahrhunderts in Bayern den Beginn des industriellen Zeitalters markierte. Er nutzte die Eisen- und Glasarchitektur für seine Bauten, führte Dampfkraft, Elektrizität und Telefon ein und war fasziniert von der Idee des Fliegens. Mit seinem Maschinenmeister Friedrich Brandt schmiedete er Pläne für eine Flugmaschine zu Fahrten über den Alpsee bei Hohenschwangau. Von der Plattform des Schlosshofes in Hohenschwangau aus sollte nach dem Prinzip eines einfachen Seilzuges eine Gondel in Pfauenform über eine Entfernung von 1240 Metern und einem Höhenunterschied von 49,6 Metern zur Sperbersau geführt werden. Da die Route quer über den Alpsee ging, ergab sich das Problem fehlender Stützen, was ein Durchhängen des Seiles zur Folge gehabt hätte. So entstand der Plan, die am Seil befestigte Gondel an einen Ballon zu hängen, damit diese bei der Fahrt angehoben würde. Ludwig setzte seinen erst dreiundzwanzigjährigen Maschinenmeister Friedrich Brandt zeitlich stark unter Druck. Doch das Projekt konnte damals nicht verwirklicht werden. Ludwig schrieb an Brandt: »Mir Dir durch die Lüfte in Wirklichkeit zu fliegen ..., das wäre mein großer Wunsch, erdentrückt Du und ich.«

Dieser Traum vom Fliegen sollte ihm am Ende seines Lebens als Beweis seiner Geisteskrankheit zur Last gelegt und als Indiz für des Königs »überwuchernde und die Schranken der Wirklichkeit und Möglichkeit ganz außer acht lassende Phantasie« abqualifiziert werden. Doch Ludwigs Flugsehnsucht war nicht irreal. Schon 1891, nur fünf Jahre nach dem Tod des Königs, unternahm Otto Lilienthal als einer der Ersten Flüge über mehrere hundert Meter.

---

len unter staatliche Aufsicht. Die Qualifikation der Pfarrer wurde in Staatsexamina überprüft und das »Brotkorbgesetz« von 1875 entzog der Kirche alle staatlichen Zuwendungen, wenn sich die Geistlichkeit nicht der staatlichen Macht beugte. Übernahmen die anderen deutschen Staaten diese Maßnahmen auch nicht in dem Maße, wie sie in Preußen Anwendung fanden, führte die Auseinandersetzung doch überall zu einem tiefen Bruch zwischen katholischer und protestantischer Bevölkerung. Erst ab 1878 wurden Ausgleichsverhandlungen mit dem Vatikan aufgenommen, da die Konfrontation auf Dauer nicht durchzuhalten war.

Die Feste am Hof

Zu den Repräsentationspflichten des Königs gehörte es, den Hoffesten, Bällen und dem traditionellen Neujahrsempfang in München beizuwohnen. Dem entzog sich Ludwig, wann immer er konnte. Vor allem aber sollte der Monarch stets der wichtigsten Festlichkeit am Hof beiwohnen, dem Georgiritterfest, der prunkvollsten Selbstdarstellung der Monarchie.

Der Georgiritterorden war bereits 1496 von Herzog Albrecht IV. für Hofgesinde, Grafen, Ritter und Freiherrn als »Bruderschaft vom Heiligen Georg« begründet und im Frühjahr 1729 durch Kurfürst Karl Albrecht als »Bayerischer Militärischer Ritter-Orden vom Heiligen Georg« und wittelsbachi-

15 Schloss Hohenschwangau, einer der liebsten Aufenthaltsorte Ludwigs in seinen frühen Regierungsjahren. Von hier aus sollte die geplante Seilbahn ins Tal führen.

scher Hausritterorden neu belebt worden. Der jeweils regierende König war gleichzeitig auch Oberhaupt und Großmeister des Ordens. 1871 erhielt der Orden neue Statuten, die ihm Aufgaben im Sinne der christlichen Caritas zuwiesen, vor allem die Errichtung von Krankenhäusern in München-Nymphenburg und in Brückenau.

Das erste Ordensfest in der Regierungszeit Ludwigs II. sollte 1865 stattfinden, doch der König ließ es wegen einer Unpässlichkeit absagen. Das nächste Fest fand am 24. April 1866 statt – aber der König erschien nicht, sondern ließ sich durch seinen Onkel Luitpold vertreten. Im folgenden Jahr endlich entschloss sich Ludwig selbst in seinem kostbaren Ornat an dem Fest teilzunehmen. Auch die Festlichkeiten des Jahres 1880 ließ der König erst einmal absagen. »Seine Majestät der König hatte sich in der vergangenen Nacht so unwohl und in so aufgeregtem Zustand befunden, daß Allerhöchstderselbe sich nicht im Stande fühlte das Ordensfest abzuhalten.« Doch der entsprechende Befehl kam so spät, dass die geladenen Ordensmitglieder nicht mehr verständigt werden konnten. Zwei Tage später, am 26. April, durften alle Ordensmitglieder in ihrer burgundischen Tracht erneut antreten. Die Feierlichkeiten mit dem König begannen im Inneren Audienzzimmer der Reichen Zimmer in der Residenz. Gegen 11 Uhr hatten sich die Mitglieder im Ordenssaal zur Kapitelsitzung einzufinden.

16 Ludwig II. in Georgirittertracht. Der königsblaue Mantel war aus 68 Metern Seidensamt gefertigt und mit kostbarsten Stickereien versehen. Marmorstatue von Friedrich Ochs nach dem Modell der Bildhauerin Elisabeth Ney, 1870

Kurz vor 12 Uhr setzte sich der Zug durch die Residenz nach der alten Hofkirche in Bewegung. Diese war für die Feier besonders prächtig geschmückt. Auf der Evangelienseite erhob sich der prachtvolle Thron des Großmeisters. Vor dem Altar befanden sich die Plätze für die Großprioren. Während des drei Stunden dauernden Hochamtes erfolgte der feierliche Ritterschlag der neuen Kandidaten in Helm und Harnisch durch den König.

Am Gründonnerstag war es üblich, dass an zwölf würdigen, nicht wohlhabenden alten Männern eine »Fußwaschung« vorgenommen wurde. Nach einem Hochamt in der Allerheiligen-Hofkirche begab sich der Monarch mit den Prinzen und den Herren der drei Hofrangsklassen in die Residenzkapelle, wo eine Vesper abgehalten wurde. Dann begab man sich in den Herkulessaal. An der südlichen Eingangsseite saßen auf einer dunkelrot ausgeschlagenen Estrade die zur Fußwaschung bestimmten zwölf alten Männer. Diese waren schwarz gekleidet und trugen ein violettes Barett. Ganz in der Nähe standen Familienangehörige und zwölf junge Mädchen, die wie die Greise auf Kosten des Hofes neu eingekleidet worden waren. Der König legte Hut und Säbel ab, der Obersthofmeister überreichte ihm eine Kanne mit Wasser, der Subdiakon hielt ein Becken unter die Füße. Der König begoss den »entblößten« Fuß jedes Mannes und trocknete ihn mit dem vom Hofmarschall überreichten Tuch ab. Dann hängte der König jedem der alten Männer ein mit Geld gefülltes weißblaues Beutelchen um den Hals. Anschließend wurde vor den Beschenkten ein Tisch aufgestellt und sie durften ein Mahl, zu dem auch Wein gereicht wurde, zu sich nehmen. Nach einem Dankgebet kehrte der König in seine Gemächer zurück. Ludwig II. hat diese Prozedur höchst selten persönlich übernommen, sondern ließ sich meist durch einen hohen Geistlichen vertreten.

---

17 Zur Fußwaschung am Gründonnerstag ließ sich Ludwig gern vertreten, hier, im Jahr 1884, von Dekan Jakob von Türk. ▶

Zu den wenigen Familienfesten, die der König ausrichten ließ, zählte das Festbankett am 30. April 1873 zu Ehren der neuvermählten Erzherzogin Gisela, Tochter der Kaiserin Elisabeth von Österreich, und Prinz Leopold von Bayern im Hofballsaal des Festsaalbaus der Residenz in München.

Schon den Einzug in seine Haupt- und Residenzstadt hatte Ludwig für die Tochter der von ihm sehr verehrten Kaiserin besonders feierlich gestalten lassen. Vor dem Bahnhof, wo das neuvermählte Paar aus Wien ankam, paradierte eine Ehrenkompanie des Königlichen Leibregiments. Dort stand der so genannte Große, weder vorher noch nachher benutzte, Galawagen, den der König für sich selbst nach Versailler Vorbild hatte bauen lassen, bereit. Er war mit sechs prachtvoll beschirrten Pferden bespannt. In diesem Gefährt hielten die nunmehrige bayerische Prinzessin Gisela und ihr Gemahl Einzug in die Stadt.

Ludwig II. ehrte die Kaisertochter, indem er sie in der Residenz am Fuße der Treppe empfing und in den Königsbau hinaufführte. Dort erwarteten sie die Königinmutter Marie und die ganze königliche Familie. Es war als eine große Ehre anzusehen, dass der damals schon äußerst zurückgezogen lebende König dem jungen Paar ein offizielles Bankett ausrichtete. Auf einer erhöhten Estrade saß in der Mitte der königlichen Familie der Monarch. Zu Ehren der jungen Prinzessin er-

klang, als sie den Saal betrat, die österreichische Nationalhymne. Der König erhob sich und trank auf das Wohl der Neuvermählten. Hochzeitsmärsche aus dem ›Sommernachtstraum‹ und ›Lohengrin‹ sowie ›Heil unserem König, Heil‹ folgten. Das Hofballett überbot sich mit Darbietungen. Hofchargen und Kammerherren servierten das Mahl.

Im neuen Wintergarten, den der König an seine prachtvollen Privatgemächer angrenzend hatte erbauen lassen, gab er den Neuvermählten noch ein intimeres Fest. Der hell erleuchtete Garten und eine Kahnfahrt auf dem kleinen See mit den künstlich erzeugten Wellen fanden das besondere Gefallen Prinzessin Giselas. Prinz Leopold, der seinen Cousin Ludwig um 44 Jahre überlebte, bezeichnete später diese Feierlichkeit als das einzige derartige Fest, das er je am bayerischen Königshof erlebt habe.

Dieser großartige Empfang für die Tochter des österreichischen Kaisers hätte um ein Haar zu politischen Verwicklungen geführt. Der preußische Gesandte sah darin eine »auffallende Demonstration« der bayerischen Sympathien für Österreich. Ludwig wurde gebeten in einer Mitteilung der bayerischen Regierung an Berlin zu betonen, dass er keinerlei politische Absichten damit verfolgt habe, sondern lediglich seiner besonderen Verehrung für Erzherzogin Gisela, die Tochter der Kaiserin Elisabeth von Österreich, Ausdruck geben wollte.

18 Erzherzogin Gisela von Österreich, Tochter der Kaiserin Elisabeth, heiratete wieder nach Bayern: den Wittelsbacher Prinzen Leopold von Bayern.

Die Reisen des Königs

Reisen durch das Königreich Bayern gehörten zum Pflichtprogramm eines jeden Regenten. Besonders in den 1801 zu Altbayern hinzugekommenen Landesteilen Schwaben und Franken musste das Zugehörigkeitsbewusstsein durch das Erscheinen des Königs und der königlichen Familie geweckt und gefestigt werden. Diese Besuche liefen immer nach dem gleichen Schema ab.

Zwei Jahre nach seiner Thronbesteigung hatte Ludwig II. es jedoch noch immer nicht fertig gebracht, sich seinem Volk zu zeigen. Justizminister Eduard von Bomhard drängte den unwilligen König seinen Reisepflichten nachzukommen, ob in die Pfalz oder auf den Kriegsschauplatz in Franken.

In Franken, vor allem in den vom verlorenen Krieg 1866 am meisten heimgesuchten Gebieten, herrschte eine nicht zu überhörende Missstimmung gegen München und die mangelhafte Kriegs- und Staatsführung. Nicht nur Ludwigs Minister drängten ihn zu einer Reise dorthin, sondern auch Richard Wagner. Als sich Ludwig schließlich zu einer Reise entschloss, schrieb er an Wagner: »Ich will mit einem Mal den Dunstkreis der Gehässigkeit, die Wolken der Bosheit und falschen Kunden, welche die Leute geschäftig oft um meine Person zu verbreiten suchten, auseinander jagen, will, dass mein Volk erfährt, wie ich bin, dass es seinen Fürsten endlich kennen zu lernen beginnt.«

Wagners Antwort ließ nicht auf sich warten: Er sei gewiss, »daß unter der freundlichen fränkischen Bevölkerung mei-

Er will nicht, er lebt lieber seinen Träumereien, der Wagnerei; die weißgewaschenen Festjungfrauen mag er nicht.

Eduard von Bomhard
über Ludwigs Unlust
zu Repräsentationsreisen

nem holden König es endlich besser gefallen haben würde, als unter jenem vom Pfaffen verhetzten schwerblütigen Münchner Pöbel: dort in dem nahen Bayreuth hätte Er endlich seine Lieblingsresidenz gewonnen, und – mit der Zeit – hätte Er wohl die ganze Regierung in dieses Herz Deutschlands nach sich gezogen«. Die Meistersinger sollten den König von Bayern »aus seiner ›Münch‹-residenz hinaus in das frische, freiatmige Franken entführen«. Von Würzburg aus schrieb der König an Cosima von Bülow: »In Nürnberg ist, wie ich sicher glaube, selbst der Pöbel intelligenter u. gutwilliger als dort, die ›Meistersinger‹ werden zünden ... Sollte ich ferner Grund haben, mit den Bewohnern meiner bisherigen Hauptstadt unzufrieden zu sein, so soll mich nichts hindern, mein Hoflager in Nürnberg aufzuschlagen und dorthin den Sitz meiner Regierung zu verlegen.«

Des Königs einzige »große Frankenreise« begann am 10. November 1866 mit einem Gefolge von 119 Herren. Von München reiste er mit der Ostbahn über Landshut und Regensburg nach Bayreuth. Ludwig hatte die Stadt schon als Siebenjähriger zusammen mit seinen Eltern und seinem Bruder Otto besucht. Es war nach dem Krieg sehr wichtig, dass der König sich in Bayreuth dem Volk zeigt, da man schon während der preußischen Besatzungszeit zum Teil recht offensichtlich mit den Feinden sympathisiert habe und sie sogar mit Hochrufen empfangen wurden. Vom Bahnhof bis zum Neuen Schloss standen trotz strömenden Regens die Menschen am Straßenrand und jubelten dem König zu. An der Jägerstraße, der heutigen Bahnhofstraße, standen bei einer Ehrenpforte 25 weißblau gekleidete Ehrenjungfrauen; eine davon trug ein Gedicht vor.

Am folgenden Tag gab sich der König sehr leutselig. Er ging in Zivilkleidung zur Schlosskirche, um an einem Gottesdienst

---

In Anderer Glück sein eigenes finden,
Ist dieses Lebens Seligkeit.
Und anderer Menschen Wohlfahrt gründen,
Schafft göttliche Zufriedenheit.

Eintrag des Königs ins Poesiealbum eines Mädchens in Würzburg

teilzunehmen. Bei der Mittagstafel für 50 Gäste und beim abendlichen Ball in der »Bürgerressource« eroberte Ludwig die Herzen der Bayreuther im Sturm. Er tanzte »6 Touren« mit den Bayreuther Damen.

Tags darauf besuchte Ludwig Schloss Fasanerie, hielt auf der Auwiese in Feldmarschallsuniform und hoch zu Ross eine »Revue« über das 7. Infanterie- und das 6. Chevauxleger-Regiment ab und wurde während der Parade von der Bevölkerung mit »donnernden Lebehochs« begrüßt. Er zeichnete den Bürgermeister mit dem St.-Michaelsorden I. Klasse aus, ein Feldwebel bekam wegen Tapferkeit eine goldene Uhr, verwundete Soldaten erhielten je einen Dukaten mit dem Bildnis des Königs.

Schließlich besichtigte Ludwig die wichtigste Erwerbsquelle in der Gegend, die Baumwollspinnerei, dann die Zuckerraffinerie. Er erinnerte sich daran, dass er als kleiner Prinz 1851 von den Arbeitern einen Zuckerhut überreicht bekommen hatte, wofür er sich nun mit einer Spende von 100 Gulden für die Kranken- und Unterstützungskasse dieser Arbeiter bedankte. Im Markgräflichen Opernhaus, das zu diesem Zweck erstmals mit Gas beleuchtet war, fand ein Konzert des »Musik-Dilettantenvereins« statt. Am Schluss der ›Jubel-Ouvertüre‹ von Carl Maria von Weber wurde auf der Bühne ein Tableau enthüllt: die Büste des Königs, umgeben von Genien und mit bengalischem Feuer beleuchtet. Gegen 22 Uhr bewegte sich ein großer Fackelzug vom Jean-Paul-Platz zum Neuen Schloss, wo dem König eine Serenade dargebracht wurde. Vom Balkon aus dankte er, barhäuptig trotz des Regens, laut und weithin vernehmbar: »Ich sage meinen herzlichsten, innigsten Dank.«

Die Reise ging weiter nach Bamberg. In Schweinfurt fühlte sich der König unpässlich. In Kissingen fuhr er bei starkem Schneegestöber über das Schlachtfeld vom 10. Juli, dann ge-

---

In allen Städten wurden dem König Huldigungsgedichte dargebracht. In Würzburg reimte ein Herr von Scharff-Scharffenstein ein vier Strophen langes Gedicht. Es endete:
»O Wittelsbach erlauchter Sproß gedenke, / Daß wir Dir stolz und treu zur Seite stehen, / Und wie Du jetzt, so stets dein Herz uns schenke! / Befiehl daß wir aufs neu' zum Kämpfen gehen: / Wir werden nie in unserer Treue wanken! / Hoch König Ludwig, Herzog Deiner Franken.«

langte er über Hammelburg und Aschaffenburg nach Würzburg, wo er in der von Balthasar Neumann erbauten ehemaligen Residenz der Fürstbischöfe wohnte – von Napoleon »das schönste Pfarrhaus in Deutschland« genannt. Wo immer der König – meist in Galauniform – hinkam, huldigte ihm die Menge. In den Militärspitälern erhielt jeder der Kriegsverwundeten einen Dukaten mit des Königs Konterfei. Außerdem ließ er 10 000 Gulden zur Linderung der Kriegsnot in Franken und weitere 10 000 Gulden dem Verein zur Unterstützung Kriegsbeschädigter überreichen.

Am 29. November ritt Ludwig zu den Schlachtfeldern. Zunächst besuchte er Üttingen, wo er bei Gräfin Karoline von Wolfskeel ein Déjeuner einnahm und der Schlossherrin den Verdienstorden der Bayerischen Krone überreichte. Sie hatte sich während der Kämpfe in besonderer Weise um die Versorgung der Verwundeten bemüht.

Weiter ging es über verschneite Wege nach Helmstadt. Dort war sein Vetter, der spätere König Ludwig III., verwundet worden. Nachdem er noch in Remlingen und Roßbrunn die Kriegsschauplätze aufgesucht hatte, war König Ludwig nervlich sehr mitgenommen und sagte das weitere Programm in Würzburg ab.

Unbestrittener Höhepunkt der Reise aber war Nürnberg. Am 30. November 1866 telegrafierte der König von Nürnberg aus an Cosima von Bülow für Richard Wagner, der in Tribschen weilte:

»An Hans Sachs!
Vor 2 Stunden hier eingetroffen, beispielloser Jubel!
Von hier aus wollen Deutschland wir erlösen,
Wo Sachs gelebt und Walther siegreich sang.
In Trümmer sinkt das nicht'ge Werk der Bösen,

Die Reise war schön, gar prächtig nahmen sich alle Berichte aus, und selbst die Rückwirkung auf München war heilsam. Sie verstehen nun die »Ehrenwerten«, dass München nicht Bayern ist.
Cosima von Bülow aus Basel, 17. Dezember 1866

19 ›Nurenberg. Ville Imperiale en Franconie‹ (Ansicht der Freien Reichsstadt Nürnberg). Kolorierter Kupferstich von Pieter van der Aa, 1729 ▶

Das tück'sche Spiel den Finstern nicht gelang.
Durch Dich erhebt er sich, der ach so tief gesunken,
Der einst so allgewaltig deutsche Geist,
Dein Odem fachet Flammen aus den Funken,
Dein Zauberwort ihn neu erstehen heisst.
Dir, der in Segenswerk den ›Wahn‹ gewendet,
Sei trauter Gruss von Walther heut entsendet.
Walther von Stolzing.«

Was den König am »geliebten Nürnberg, das mir täglich theuerer wird«, am meisten faszinierte, war der Meistersinger Hans Sachs. Zu Fuß pilgerte er zu der Stelle, an der dessen Haus gestanden hatte. Da Ludwig von Nürnberg so angetan war, bat er am 5. Dezember seinen Bruder Otto, ebenfalls dorthin zu kommen. Gemeinsam mit ihm reiste er zu einer Kurzvisite nach Erlangen und besichtigte am folgenden Tag das Germanische Nationalmuseum; gemeinsam besuchten sie auch die Lenzsche Eisengießerei sowie die Kunstgewerbeschule. Bei seinen Besuchen in den verschiedenen Fabriken, unter anderem bei A. W. Faber zu Stein und in der Zeltnerschen Ultramarin-Fabrik, hinterließ der König Geld, das an die Arbeiter verteilt werden sollte.

War Ludwig ursprünglich nur schwer zu motivieren gewesen diese Frankenreise zu unternehmen, so wurde er zunehmend leutseliger. Selbst auf Bällen, die ihm zu Ehren gegeben wurden und die er eigentlich nicht mochte, zeigte er sich den Damen gegenüber als galanter und vollendeter Kavalier. Das Volk andererseits begeisterte sich nun, da der König sich endlich zeigte, zunehmend für seinen Monarchen, dessen Schönheit und Jugend allenthalben gepriesen wurden.

Die Reisen nach Frankreich

Insgesamt unternahm König Ludwig drei Reisen nach Frankreich: erstmals 1867, um die Pariser Weltausstellung zu besuchen, dann 1874 nach Paris und Versailles und schließlich 1875 nach Reims.

Politisch gesehen waren alle drei Frankreichreisen höchst unklug. 1867 bezeichnete die französische Zeitung ›La Situation‹ den Besuch des bayerischen Monarchen sogar als ein »Ereignis von unberechenbarer politischer Tragweite«. Bayern hatte erst kurz zuvor einen Krieg verloren und die Preußen fürchteten eine Annäherung des Königs an Frankreich. Dennoch ging es diesem bei seiner Reise darum, »nur nichts zu versäumen, was der Stellung Bayerns förderlich sein könnte«. Außerdem wollte er auf jeden Fall die Weltausstellung besuchen, das wohl Aufsehen erregendste Ereignis jener Zeit. Am Abend des 20. Juli ritt Ludwig von Schloss Berg über Fürstenried nach Gauting. Von dort brachte ihn ein Extrazug nach Paris. In seiner Begleitung befanden sich sein Generaladjutant von der Tann, Adjutant Sauer, sein Geheimsekretär Brochier, Kabinettskassier Grünwald und natürlich der Kabinettssekretär sowie drei Diener und der Friseur.

Im Februar 1848 brach in Frankreich die Revolution gegen das nach dem Fall Napoleons eingesetzte restaurative System aus. Vor allem in Paris kam es zu Barrikadenkämpfen und Massenaufmärschen radikaler Sozialisten, an denen sich bald auch bürgerliche Kräfte beteiligten. Der »Bürgerkönig« Louis-Philippe wurde zum Rücktritt gezwungen und Louis Napoleon Bonaparte gewann die Präsidentschaftswahlen mit 74 % der Stimmen. Nach einem Staatsstreich im Dezember 1851 ließ er sich 1852 als **Napoleon III.** zum »Kaiser der Franzosen durch die Gnade Gottes und den Willen der Nation« erheben. Er erkannte die Bedeutung

Im Hôtel du Rhin traf er mit seinem Großvater, König Ludwig I. – er hatte seinen Titel behalten dürfen –, zusammen. Am 22. Juli besichtigte der bayerische Herrscher die Tuilerien und traf mit Kaiser Napoleon III. zusammen. Dessen Frau, die für ihre Schönheit gerühmte (und wegen ihres politischen Einflusses im Land nicht eben beliebte) Eugénie, weilte damals in England, doch Ludwig lernte sie vier Wochen später im Empfangsraum des Augsburger Bahnhofs kennen.

20 Napoleon III. und Kaiserin Eugénie. Fotografie

Eine besonders bevorzugte Behandlung erfuhr Ludwig, da Napoleon von den vielen Kaisern und Königen, die damals in Paris weilten, nur ihn und den König von Portugal persönlich zum landwirtschaftlichen Teil der Weltausstellung begleitete. Außerdem besuchten sie gemeinsam die musikalischen Bühnenwerke ›Don Carlos‹, ›Die Afrikanerin‹, ›Mignon‹ sowie ›Romeo und Julia‹ in der Grand Opéra.

Am 24. Juli lud Napoleon III. Ludwig zu einem Ausflug nach Compiègne und zu dem nahe gelegenen Schloss Pierrefonds ein. Dort kam es zu einer symbolträchtigen, wenn letztlich auch folgenlosen Szene: Im Rahmen der Parade eines Husarenregiments wurde ein historisches Ereignis aus dem Jahr 757 nachgestellt. Damals hatte der Bayernherzog Tassilo III. mit

der gesellschaftlichen Entwicklung und der sozialen Probleme und versuchte ihnen durch große Arbeitsbeschaffungsmaßnahmen zu begegnen. Anfangs autoritär gegen die wachsende demokratische Opposition, musste er ab 1860 einer Liberalisierung seiner Herrschaft zustimmen. Nationalgefühl und Prestigesucht waren im sogenannten Zweiten Kaiserreich besonders ausgeprägt und führten dazu, dass Napoleon III. wider besseren Wissens 1870 in den Krieg gegen Preußen getrieben wurde. Nach der Kapitulation in Sedan wurde er gefangen genommen, dann abgesetzt. 1873 starb er im englischen Exil.

unzähligen Eiden dem fränkischen Herrscher seine Vasallentreue schwören müssen.

Über den Aufenthalt bei der Weltausstellung in Paris berichtete Ludwig in einem Brief an Cosima von Bülow, dass er »ohne Ermüdung« sechs bis sieben Stunden auf dem Gelände unterwegs gewesen sei. Doch bald sei er froh gewesen, Paris, das moderne Babylon mit diesem genusssüchtigen Volk, seiner gräulichen Sprache und unsinnigen Höllenspektakeln wieder verlassen zu können. »O welche wohlthuende Ruhe nach den Tagen der Hast des Weltgeräusches.«

Sein Wunsch, auch noch das Schloss in Versailles zu besuchen, ging allerdings nicht in Erfüllung. Am 26. Juli verstarb in Bamberg Ludwigs Onkel Otto, der einstige König von Griechenland. Daher reiste Ludwig sofort nach Bayern zurück und erreichte am 29. Juli Schloss Berg.

Erst im August 1874, auf seiner zweiten Frankreichreise, konnte Ludwig auch das Schloss von Versailles besichtigen. Bei diesem Aufenthalt nahm er Wohnung in der Deutschen Botschaft bei seinem ehemaligen Ministerratsvorsitzenden, Chlodwig Fürst zu Hohenlohe-Schillingsfürst.

Ludwig II. feierte sogar seinen 29. Geburtstag in Versailles, was in München und Paris gleichermaßen für Verärgerung sorgte. War man in Bayern darüber erzürnt, dass der König seinen Geburtstag nicht zu Hause beging, erregten sich die Gemüter in Paris darüber, dass so kurz nach der französischen Niederlage im Krieg von 1870 und nach der Kaiserproklamation in Versailles mit dem bayerischen König wieder ein deutscher Souverän in Frankreich weilte. Doch Ludwig, der unter dem Namen eines Grafen von Berg reiste, ließ sich selbst durch einen Hinweis auf die in Paris herrschende Cholera nicht von seinen Reiseplänen abbringen. Schließlich intervenierte Bismarck für ihn und erteilte ihm die »Erlaubnis« zu der Reise.

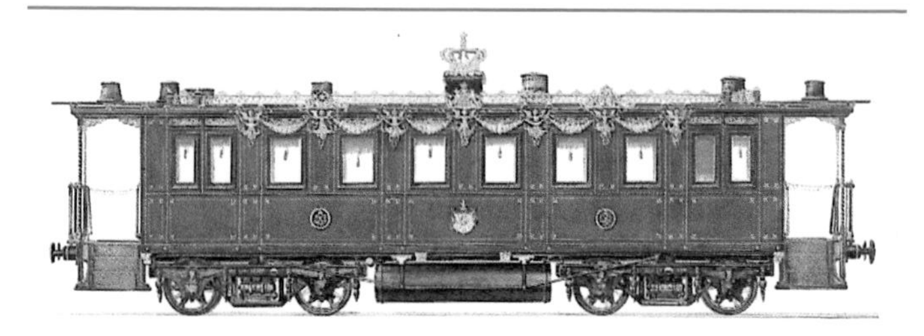

Um 11 Uhr wurden extra für den König die Springbrunnen in Versailles angestellt – ein Spektakel, das mit einem Kostenaufwand von 50 000 Francs verbunden war, die der französischen Staatskasse zur Last fielen. Die französischen Zeitungen kommentierten daher einmütig, dass »Herr Bismarck«, der ja durch die Reparationszahlungen schon viel Geld von den Franzosen bekommen habe, für die Kosten eigentlich hätte selbst aufkommen können.

Zwei Tage und eine Nacht verbrachte Ludwig in Versailles und reiste dann weiter nach Fontainebleau. In Paris besichtigte er den Louvre und stand lange und andachtsvoll am Sarkophag Napoleons I. im Invalidendom. Den Präsidenten der französischen Republik, Maurice MacMahon, Duc de Magenta, traf er allerdings nicht. Dafür sammelte er auf dieser zweiten Frankreichreise viele Anregungen für seine Schlossbauten.

Ein Jahr später floh der König erneut vor den Feierlichkeiten zu seinem Geburtstag aus München; er wollte ihn lieber im kleinen Kreis in Reims verbringen. Auch diesmal wurden die Reisevorbereitungen unter strengster Geheimhaltung getrof-

22 Die Wasserspiele in Versailles, wie man sie anlässlich des 29. Geburtstags König Ludwigs II. springen ließ. Fotografie, um 1890

◀ 21 Salonwagen, mit dem Ludwig II. reiste

fen. Wieder begleitete ihn Oberststallmeister Graf Holnstein und der für die bayerischen Eisenbahnen verantwortliche Generaldirektionsrat Schamberger. An der deutsch-französischen Grenzstation in Avricourt bei Lunéville standen drei Wagen bereit, die von der Regierung in Paris zur Verfügung gestellt worden waren. Während sich Ludwig in München kaum in der Öffentlichkeit sehen ließ, ging er noch am Abend seiner Ankunft in Reims in der Stadt spazieren. Am folgenden Tag besichtigte er die gotische Kathedrale Notre-Dame, den alten Krönungssaal und die Kirche Saint-Rémi. Da er sehr bald erkannte wurde und dies ihm lästig war, ließ er einpacken und kehrte nach Schloss Hohenschwangau zurück. Seiner Mutter schrieb er, er sei »in hohem Grade« von seiner Reise nach dem altehrwürdigen, geliebten Reims befriedigt.

Die Reisen in die Schweiz

Am 18. Oktober 1865 regte eine Vorstellung von Friedrich Schillers ›Wilhelm Tell‹ im Hoftheater Ludwig dazu an, für zwei Wochen in die Schweiz zu reisen. Von seiner ursprünglichen Absicht, einen der Schauspieler mitzunehmen, sah er aber ab. Stattdessen fuhr er inkognito mit sehr kleiner Begleitung nach Luzern und stieg dort im Hotel Schweizer Hof ab. Die nächste Station war das ländliche Gasthaus Rössli in Brunnen. Von dort aus besuchte er die Stätten der Tellsage: Tellsplatte, Stauffacher-Kapelle und den Rütli, wo sich am 7. November 1307 nach der Legende 33 Männer geschworen hatten die Tyrannei zu stürzen. Auch durch die Hohle Gasse bei Küssnacht war Ludwig gekommen.

Der Gedanke an Wilhelm Tell ließ den König nicht los. Im Juni 1881 äußerte der nun fünfunddreißigjährige Ludwig den

Friedrich Schiller (1759–1805) thematisierte in seinem dramatischen Werk immer wieder den Freiheitsgedanken. Zu einer Zeit, als man sich in Europa mit den Ideen der Französischen Revolution auseinander setzte, waren seine Bühnenwerke (darunter ›Wilhelm Tell‹, ›Die Räuber‹ und ›Wallenstein‹) politisch hochbrisant, wurden aber von seinen Zeitgenossen nicht immer als solche verstanden und gewürdigt. Erst in der zweiten Hälfte des 19. Jahrhunderts, als Schiller und Goethe bereits als zentrale Figuren der deutschen Klassik galten, wandelte sich der Blick auf sein Œuvre. Zu Beginn des 20. Jahr-

Wunsch, nochmals an den Vierwaldstädter See zu reisen. Als Begleiter hatte er den Schauspieler Emil Rhode erkoren, der damals allerdings schon seinen 40. Geburtstag hinter sich hatte und am Hoftheater durch den dreiundzwanzigjährigen, aus Ungarn stammenden Schauspieler Josef Kainz ersetzt worden war. Kainz hatte im August 1880 sein Debüt gegeben. Im Frühjahr 1881 durfte er an einer Separatvorstellung für den König mitwirken. Am 30. April spielte er vor dem König den Didier in Victor Hugos ›Marion de Lorme‹. Ludwig war so fasziniert, dass er die Aufführung am 4. und 10. Mai wiederholen ließ. Außerdem ließ er Kainz »königlich« beschenken: Er erhielt einen von Saphiren und Diamanten funkelnden Ring, eine goldene Kette mit einem symbolischen Schwan sowie eine mit Diamanten besetzte Uhr. Schließlich durfte der Schauspieler zwei folgenden Separatvorstellungen in der Gastloge beiwohnen.

Dem so reich Beschenkten wurden noch weitere Ehren zuteil. Eines Morgens wurde Kainz plötzlich während einer Probe von ›Richard III.‹ ins Direktionsbüro gerufen. Dort erwartete ihn Karl Hesselschwerdt, der Marstallfourier, mit der Weisung, am folgenden Tag für einen dreitägigen Aufenthalt zum König nach Linderhof zu kommen.

Der einsame König begrüßte den Schauspieler am 30. Mai nachts in der Grotte. Am folgenden Tag gingen sie gemeinsam zur Hundinghütte. Am 1. Juni folgte eine Fahrt zum Plansee und am nächsten Tag ins Graswangtal. Ludwig II. hat den Besuch in seinem Tagebuch recht aus-

23 Die Hundinghütte (Ausschnitt). Aquarell

hunderts wurde er als der eigentliche Nationaldichter gefeiert, doch die rasche Auflösung des idealistischen Denkens durch die ökonomische und naturwissenschaftliche Entwichlung bewirkte, dass seine Kunst als zu rhetorisch und pathetisch empfunden wurde.

führlich beschrieben: »Tafel auf der Linde (Braut von Messina) zum marokkanischen Haus, Kaffee, die himmlische Stimme wieder vernommen (Don Carlos), Grottenbeleuchtung ...« Mit der »Tafel auf der Linde« ist ein Lindenbaum mit einer ausladenden Krone im Schlosspark von Linderhof gemeint, auf der sich Ludwig eine Laube anlegen ließ, um dort mit bevorzugten Gästen zu speisen oder zu plaudern.

Bis zum 6. Juni waren der König und der Schauspieler ständig unterwegs: Am Brunnenkopf hatte Kainz aus ›Phaeton‹ von Calderon zu zitieren, am Pürschling wurde an Tell erinnert. Als sie nach Oberammergau kamen, dinierten sie zusammen und kehrten dann in der Dämmerung nach Linderhof zurück. Der Pfingstsonntag brachte einen kleinen Spaziergang und traute gemeinsame Stunden, eine weitere Fahrt durch das Graswangtal – sehr heiter ›Decamerone‹ – und in der Grotte schließlich erhielt Kainz einen Traumbecher. Erst am Pfingstmontag kehrte Kainz nach München zurück. Der König hatte ihm das Du angeboten: eine sehr ungewöhnliche Vertrautheit des bayerischen Monarchen.

Ludwig II. war von dem Schauspieler restlos begeistert und wähnte in ihm einen echten Freund. Er wollte mit ihm reisen, damit Kainz die Schillerdramen in den Ländern, in denen sie spielten, nacherleben könne. Schon immer hatte der Monarch den Wunsch gehegt, Spanien zu besuchen, um dort den Spuren des Don Carlos zu folgen. Dann wollte Ludwig wieder in die Schweiz in Gedenken an Wilhelm Tell. Spanien wurde verworfen, die Reise in die Schweiz jedoch fand statt.

Kainz tat sich schwer mit so viel Vertraulichkeit des Königs. Er wagte es zum Beispiel, dem König zu sagen, dass er launisch sei. Er mahnte ihn seine Lakaien nicht zu ohrfeigen und hielt es nicht für edel, wenn der König in seiner Stellung nicht gütig wäre. Solche Äußerungen verbat sich Ludwig allerdings.

24 Blick über den Urner See auf ▶ Rütli, Tellskapelle, Tellsplatte, Altdorf und Seelisberg

Am 27. Juni 1881 begann die legendäre Reise in die Schweiz: Ludwig mit Kainz, begleitet von sechs Hofbeamten, drei Kammerdienern und zwei Mundköchen. Der König ließ sich einen Pass – was völlig überflüssig war – auf den Namen Marquis de Saverny ausstellen und Kainz erhielt einen auf den Namen Didier – beides Gestalten aus ›Marion de Lorme‹.

In Schloss Axenstein, der ersten Station, waren dem König zu viele Gäste, ein regelrechter Hotelbetrieb. Er floh und ließ die herrlich gelegene und gut abgeschirmte Villa Gutenberg anmieten. Dort blieben der König und der Schauspieler zwei Wochen lang.

Mehrmals besuchten die beiden Reisenden das Rütlihaus, allerdings immer erst am Abend, wenn die vielen Touristen längst gegangen waren.

Auch schickte Ludwig II. den Schauspieler aus, damit er über Altdorf und die Ruine Attinghausen den Surenpass erklimme, in Engelberg übernachte und am folgenden Tag über den Jochpass nach Melchthal wandere. Dort wollte ihn Ludwig erwarten. Er stellte sich dies sehr romantisch vor, wenn Kainz bei seiner Ankunft die Verse aus Schillers ›Wilhelm Tell‹ deklamieren würde:

»Durch der Surennen furchtbares Gebirge,
Auf weit verbreitet öden Eisesfeldern,

Wo nur der heisre Lämmergeier krächzt,
Gelangt ich zu der Alpentrift, wo sich
Aus Uri und vom Engelberg die Hirten
Anrufend grüßen und gemeinsam weiden.«

Kainz, der noch nie einen Berg bestiegen hatte, sollte mit vier kräftigen Gefährten, viel Proviant und einem Dutzend Flaschen Sekt zum Surennen hinaufsteigen. Erst nach Mitternacht kam die Gruppe mit wunden Füßen in der Pension Sonnenblick in Engelberg an, wo sie übernachten sollte. Am nächsten Morgen konnte keine Macht der Welt Kainz dazu bringen weiter zu laufen.

Der König wartete vergeblich und ziemlich verärgert in Melchthal. Schließlich kehrte er an den See zurück und dort traf endlich Kainz ein – mit einem Wagen. Der König war tief beenttäuscht, als Kainz seine »Wanderung« als scheußlich bezeichnete. Stattdessen wollte Ludwig nun in der folgenden Nacht bei Mondschein zusammen mit Kainz den Rütli ersteigen und Kainz sollte dort die Melchthal-Erzählung deklamieren. Am Abend bestiegen sie den 40 Meter langen Dampfer *Waldstätter*, der Tag und Nacht am Vierwaldstätter See für den König unter Dampf gehalten wurde. Kainz war müde, doch der König wollte 14 Alphornbläsern zuhören, die während der Fahrt den ›Kuhreigen‹ vortragen sollten. Kainz fand die Bläser viel zu laut; trotzdem schlief er ein und schnarchte vor sich hin. Der König ging an Land und erstieg den Rütli allein.

Erst eine Woche später war es dann soweit. Am 11. Juli schleppte er den jungen Mann um 2 Uhr nachts auf den Rütli hinauf. Der König erfreute sich am Mondglanz auf den schneebedeckten Gipfeln in der lauen Sommernacht und bat den Schauspieler mit der Melchthal-Szene zu beginnen. Kainz blieb stumm. Er war müde. Der König bat ihn nochmals zu

---

Josef Kainz, geboren am 2. Januar 1858 in Wisselburg, Ungarn, und gestorben am 20. September 1910 in Wien, kam nach seinen Engagements in München und Berlin 1899 schließlich ans Burgtheater in Wien. Er gilt als Begründer einer modernen, mit psychologischen Mitteln arbeitenden Schauspielkunst und wurde von seinen Zeitgenossen als größter deutscher Schauspieler gefeiert. Seine Verehrer lobten die Sensibilität und Poesie seines Spiels und seine wunderbare Stimme: »Er sprach, als ob der Wind durch eine Harfe blies, schneidend, jammernd, funkelnd, hinreißend hingerissen.«

beginnen, er forderte, er befahl. Doch Kainz war nur noch müde, legte sich ins Gras und schlief sofort ein. Ludwig ließ ihn ergrimmt an Ort und Stelle liegen und kehrte in die Villa Gutenberg zurück. Nach dem Erwachen folgte der Schauspieler dem König, holte ihn auf dem Weg dorthin ein und bat ihn um Entschuldigung.

Der König zeigte seine Enttäuschung kaum, sondern ging mit Kainz antike Uhren für seine Sammlung einkaufen. Und dann kam er auf die Idee, sich mit dem Schauspieler fotografieren zu lassen. Es wurden recht ungewöhnliche Aufnahmen. Der König hatte seine schlanke Figur längst verloren, was er mit einem viel zu großen, schweren Wintermantel zu kaschieren suchte. Einmal sitzt der König auf dem Stuhl und der Schauspieler steht daneben, dann sitzt der Schauspieler und der König steht.

25 Ludwig II. mit Josef Kainz am Ende ihrer Reise auf den Spuren Wilhelm Tells. Die Verstimmung ist kaum zu übersehen.

Kurz danach war die Reise zu Ende. Gemeinsam reisten sie mit Ludwigs Salonwagen bis zur Grenze; von dort fuhr Kainz allein nach München weiter, während der König nach Linderhof zurückkehrte. Als der Augenblick des Abschiedsnehmens kam, umarmte der König Kainz herzlich. Bei allen Spannungen der Reise bedeutete dieser Abschied für Ludwig doch die Rückkehr in seine Einsamkeit. Immerhin war die Verärgerung so groß, dass Ludwig die Separatvorstellung von Victor Hugos ›Burggrafen‹ mit Kainz als Ottbert absagen ließ. Doch dann tat es ihm wieder leid und er schenkte Kainz ein Gemälde vom Vierwaldstätter See. Der wies das Geschenk jedoch zurück.

Nach einiger Zeit durfte Kainz dennoch wieder in Separatvorstellungen mitwirken. So spielte er den Rustan in Grillparzers ›Der Traum ein Leben‹, mit dem sich Ludwig gern identifizierte. Doch als der Kontrakt des Schauspielers erneuert werden sollte, ließ der König verlauten, dass er den Namen Kainz nicht mehr hören wolle. Stattdessen erhielt Kainz ein Engagement am Deutschen Theater in Berlin. Dort debütierte er am 29. September 1883 erfolgreich als Ferdinand in Schillers ›Kabale und Liebe‹. Im November feierte er Triumphe als Don Carlos. Zu seinem Erfolg in Berlin mag – neben aller unbestrittenen schauspielerischen Begabung – auch beigetragen haben, dass das Publikum sich für den »Gespielen« des bayerischen Königs interessierte.

Ludwig und die Frauen

Herzogin Sophie Charlotte in Bayern – die Königsbraut

»Willst Du meine Gattin werden?
Genossin meines Thrones?«

Ludwig I. schwärmte von seinem Enkel: »Du bist ein glücklicher Mensch, Dir kann kein Weib widerstehen.« Und doch warnte ihn der Großvater davor, sich zu früh zu binden. »Wie herzlich ich es mit Dir meine, ist Dir bekannt. Darum kann ich nicht unterdrücken, meinen innigen Wunsch auszusprechen, dass Du Dich durch ein Heirathsversprechen nicht binden möchtest. Ist man in Deinen Jahren noch viel zu jung, eine Ehe einzugehen, so wäre es bei Deinem ausnehmend schnellen Wachsthum nur um so mehr für Deine Gesundheit bedenklich. Ein Heirathsversprechen erteilend, benehme die Freiheit, eine Wahl treffen zu können, wenn Du mehrere Prinzessinnen gesehen haben wirst. Später erscheint vieles anders, als in dem ersten Augenblick. Es handelt sich um Dein häusliches Glück für die Dauer Deines ganzen Lebens, darum nicht schnell, erhalte Dir freie Hand! Hievon durchdrungen, geliebter Enkel, ist Dein, Dein Bestes wünschender, Dir recht anhänglicher Großvater Ludwig.«

Seiner um acht Jahre älteren, seit 1854 mit Kaiser Franz Joseph von Österreich vermählten Cousine Elisabeth brachte Ludwig besondere Verehrung entgegen. Beide verband die Vorliebe für alles Schöne, für alles Mystische und die tiefe Abneigung gegen höfische Repräsentationspflichten. Beide fühlten sich in größerer Gesellschaft am Hofe unwohl und hassten es, der

Ach die Weiber! Auch die Gescheiteste disputiert ohne Logik.
Ludwig II. über die Frauen laut dem Münchner Theologen Ignaz Döllinger in einem Brief an seine Freundin Charlotte von Leyden

26 Ludwigs II. Lieblingscousine, die Kaiserin Elisabeth von Österreich, eine Tochter Herzog Maximilians in Bayern. Kopie von E. Riegele (1923) nach dem Gemälde von Franz Xaver Winterhalter, 1864

Mittelpunkt unter vielen Menschen zu sein. Im Laufe der Jahre haben sich beide immer mehr zurückgezogen, waren letztlich sehr einsam und fühlten sich trotz aller ihnen entgegengebrachten Verehrung von der Welt nicht verstanden.

So ganz allmählich fühlte sich Ludwig zu Elisabeths jüngster Schwester Sophie Charlotte hingezogen. Ihre Eltern, Herzog Max in Bayern und Ludovika, Tochter des bayerischen Königspaares Max I. Joseph und Caroline, lebten in München und im Sommer auf Schloss Possenhofen am Starnberger See.

In den Liebesbriefen an die Braut ergingen immer wieder Einladungen an sie und ihre Mutter zum gemeinsamen Speisen im märchenhaften Wintergarten in der Residenz in München. Der Austausch von kleinen Aufmerksamkeiten in Form von Blumenbouquets, Geschenken und Briefen steigerte sich so sehr, dass die Herzoginmutter in Possenhofen sich bemüßigt fühlte darüber mit der Königinmutter in München zu sprechen; sie wollte nicht, dass ihre Tochter Sophie als »des Königs Gespielin« ins Gerede komme. Danach erkundigte sich Marie unmittelbar bei Ludwig nach seinen Wünschen und dieser entschloss sich unerwartet schnell zur Verlobung mit Sophie. So geschah es nach dem Hofball am 22. Januar 1867 in der Nacht, dass Ludwig einen Brief an seine Cousine schrieb

27 Verlobungsanzeige Ludwigs II. und Sophies in Bayern, der jüngsten Schwester der Kaiserin Elisabeth von Österreich, Januar 1867 ▶

und sie um ihre Hand bat: »Willst Du meine Gattin werden? Genossin meines Thrones? Königin von Bayern?« Im Morgengrauen stürzte der junge König ins Schlafgemach seiner Mutter, um diese in höchster Erregung von seiner Brautwerbung zu unterrichten. Ludwig bat sie sich bei den Eltern der Braut für ihn zu verwenden. Das fiel der Königinmutter nicht schwer; denn seitdem sie als junge Prinzessin nach München gekommen war, hatte sie ein sehr herzliches Verhältnis zu der herzoglichen Mutter in Possenhofen. Das Jawort aus Possenhofen war schon am nächsten Tag gegeben. Am Abend der Verlobung besuchte Ludwig mit seiner Mutter eine Vorstellung im Hoftheater. Da bat die Königin die Herzogin aus deren Loge herüber in die Königsloge, wo Sophie unter dem Jubel der Theatergäste neben Ludwig Platz nahm.

Es war ein schönes Brautpaar: Der König, ein sehr großer, schlanker junger Mann mit schwärmerischen dunklen Augen, nahm sich in der Uniform seines Chevauxleger-Regiments sehr gut aus; die Braut, ebenfalls eine hohe, schlanke Gestalt, war in ihrem weiß-blauen, ganz mit silbernen Sternen bestickten Ballkleid reizend anzuschauen. Verlobungsfotos zierten die Auslagen der Läden in München, in der königlichen Münze wurde eine Erinnerungsmedaille geprägt, ein prachtvoller Hochzeitswagen wurde in Auftrag gegeben und für die künftige Königin die so genannten Hofgartenzimmer in Stand gesetzt. Der König wünschte sich zu seiner Vermählung die

Aufführung der Oper ›Die Meistersinger von Nürnberg‹, obwohl einige »kurzsichtige Menschen der Meinung sind, es eigne sich dieses Werk nicht zur Aufführung am Feste der Vermählung; dieß macht mich nicht irre«, erklärte der junge König.

Ludwig teilte seine Verlobung mit Sophie sofort seinem Großvater mit. Wir kennen dessen Kommentar: »... glücklich, dass er heirathet. Dass Sophie ihn liebt, las ich in ihren auf ihn gerichteten Blicken. Ob es dennoch eine glückliche Ehe geben wird? Sie wird nicht den Eigensinn haben, den Schwestern von ihr besitzen?« Gemeint waren Sophies Schwestern Helene, seit 1858 Gemahlin des Erbprinzen Maximilian Anton Lamoral von Thurn und Taxis, Elisabeth (Sisi), die Kaiserin von Österreich, dann Marie, die Frau Franz' II., König beider Sizilien, und schließlich Mathilde, verheiratet mit Ludwig Prinz von Bourbon-Sizilien, Graf von Trani. Sophie, geboren 1847, war die jüngste der herzoglichen Töchter. Sie war ein reizendes Mädchen von schlanker Gestalt, mit hübschen Zügen und üppigem aschblonden Haar, das sie in aufgesteckten Zöpfen trug.

Welche Rolle spielten nun die beiden Mütter in der Zeit unmittelbar nach der Verlobung? Aus dem Schreiben Ludwigs vom 27. Januar 1867 an seine Braut ist zu entnehmen, dass ihm seine Mutter nach der Rückkehr aus dem Theater erzählte, sie habe durch die Mutter der Braut erfahren, Sophie solle einer Dame gegenüber geäußert haben, dass Ludwig sie nicht wahrhaft liebe. Darauf der König: »Aber liebe Sophie, zweifelst Du an meiner innigen Liebe zu Dir, das that mir leid, wirklich von Herzen leid. Ich hoffe, die Sache beruht nur auf einem Mißverständnis von Seiten Deiner Mutter. – Was soll ich glauben? Nun, von Herzen gute Nacht, meine liebe Sophie, mit tausend herzlichen Grüßen Dein treuer Ludwig.« Einen Tag später drängte es Ludwig nochmals zu bestätigen, dass er

28 Schloss Possenhofen am Würmsee, dem heutigen Starnberger See, die Sommerresidenz der Herzöge in Bayern. Gouache (Ausschnitt) von 1864

sich »durch das gegenseitige Getratsch unserer Mütter niemals werde irre machen lassen. Aber warum auch dieses ewige Einmischen und Schwätzen unserer Mütter? Wie lästig und unangenehm.«

Im Februar fand ein Hofball zur Feier der Verlobung statt, den der König offensichtlich nicht sehr genoss. Er veranlasste den Fürsten Hohenlohe möglichst unbemerkt auf seine Taschenuhr zu schauen. Der König wollte nämlich unbedingt noch ins Theater, um ein Drama von Schiller anzusehen, das heißt wenigstens den Schluss des Stückes. Da dies zeitlich noch möglich war, verließ Ludwig das Fest, ohne sich von seiner Braut zu verabschieden. Die Gäste waren wenig angetan von diesem Benehmen. Sophie war zwar verärgert, jedoch noch nicht beunruhigt. Ludwig hatte sich immer unkonventionell und unberechenbar gezeigt. So besuchte er sie fast immer unangemeldet zu mitternächtlicher Stunde in Possenhofen, was ziemliches Unbehagen im Schloss hervorrief. Bei diesen Treffen musste ja stets eine Hofdame zugegen sein, die ungesehen hinter einer Efeulaube im Zimmer zu sitzen hatte. Der König küsste Sophie auf die Stirn, sprach oft eine halbe Stunde lang überhaupt nichts oder höchstens »Du hast so schöne Augen«, während Sophie unentwegt an einer langweiligen Stickerei arbeitete.

Herzogin Sophie teilte mit dem König eine große Leidenschaft, die Verehrung Richard Wagners. In Anlehnung an Wagners ›Lohengrin‹ nannte er seine Braut Elsa. Sich selbst bezeichnete er allerdings nicht als Lohengrin, der um die Hand Elsas von Brabant freite, sondern als Heinrich, nach dem deutschen König Heinrich I. dem Vogler, der im ›Lohengrin‹ als gerechter Richter Gerichtstag in Antwerpen hält. Sophie spielte vorzüglich Klavier und konnte singen. Dem König zuliebe spielte sie die Arien der Elsa, Elisabeth und Senta.

Meine liebe Elsa! Meinen wärmsten Dank für Dein gestriges liebes Briefchen. Vollkommen kann ich Dich beruhigen über Deinen am Schlusses Deines Billetts ausgesprochenen Zweifel. Von allen Frauen, welche leben, bist Du mir die teuerste ... der Gott meines Lebens aber ist, wie Du weißt, Richard Wagner.

Ludwig II. an Sophie in Bayern auf einen Brief, in dem sie ihm ihre Zweifel an seiner Liebe gesteht

Schon im Dezember 1866 ließ der König über Cosima von Bülow herzliche Grüße seiner »Cousine« Sophie an Richard Wagner ausrichten. Cosima von Bülow antwortete ihm, dass sie sich an die »k. Hoheit« erinnere, sie öfter bei Konzerten in München gesehen habe. Und Cosima fragte den König: »Wäre sie eine verbündete Seele für den theuren Einsamen?« Das war am 3. Januar 1867. Schon zwei Tage später kam des Königs Antwort: »Nächstens werde ich Sophie mitteilen, dass der Freund (Richard Wagner) erfreut war über ihren Gruss, dies wird sie ganz glücklich machen. Ich habe fast nie Gelegenheit sie zu sehen, schreibe aber zuweilen, der treue, anhängliche Graf Holnstein ist Vermittler dieser Briefe. – Sophie ist eine treue, theilnehmende Seele voll Geist, ihr Loos hat eine gewisse Ähnlichkeit mit dem meinigen, wir Beide leben in Mitte einer Umgebung die uns nicht begreift und falsch beurtheilt, wir leben wie auf einer Oase im Sandmeer der Wüste.«

Ludwig bekannte Cosima, dass er seine Braut »treu und innig« liebe, und er hoffte, dass sich die Damen bald persönlich begegneten. Unter strengster Geheimhaltung traf Richard Wagner mit Herzogin Sophie in München zusammen. Da Wagner in Possenhofen als Persona non grata galt, fand die Begegnung im Haus von Sophies Bruder Herzog Ludwig in der Kanalstraße 22 in München statt. Richard Wagner gefiel die Herzogin als zukünftige Königin sehr.

Nach der Verlobung sah sich das Brautpaar nur noch selten. Und des Königs Heiratsabsichten begannen schwankend zu werden. Er sprach von der »Sehnsucht nach Vermählung«, dann aber wieder davon, dass er dazu keine Zeit habe. Die dynastischen Angelegenheiten sollte sein Bruder Otto erledigen, dem er über Sophie schrieb: »Sollte es überhaupt möglich sein, dass eine Frau mich glücklich machen könnte, so wäre sie die Einzige und keine Andere.« Aus der Schatzkam-

---

Mein gnädiger Freund und theurer Herr! Es ist mir unmöglich Ihnen nicht meinen innigen Glückwunsch darzubringen. Was ich in der Tiefe der Seele für Sie Gütiger, lange erfleht habe: das Sie verstehende liebende geliebte Weib, Sie haben es gefunden! Dreifach sei dieses Jahr gesegnet! – Mehr habe ich nicht zu sagen; Ihr Glück, mein theurer hoher Herr, wird Ihnen sagen, wie tief und wonnig wir hier erfreut sind, insbesondre die in ewiger Treue und Dankbarkeit verharrende Freundin

Brief von Cosima von Bülow aus Tribschen, 24. Januar 1867

mer der Münchener Residenz entlieh der König die Königinnenkrone, um sie in Possenhofen seiner Braut probeweise aufs Haupt zu setzen; sie sollte ja für Sophies Kopfumfang passend gemacht werden. Während der Verlobungszeit plante Ludwig eine Reise mit seiner Mutter nach Rom, die jedoch nicht zustande kam. Mit seinem Bruder besuchte er dagegen Eisenach und anschließend fuhr er allein zur Weltausstellung nach Paris.

Aus einem Schreiben der Herzogin Ludovika von Anfang März 1867 geht hervor, dass das Paar nicht allzu oft an Bällen teilnahm, weil Ludwig nicht gerne tanzte. Doch sehe man sich bei Tisch; wenn sie, Ludovika, nicht anwesend sein könne, dann stehe die Braut »unter dem Schutz der Königin«, also ihrer zukünftigen Schwiegermutter Marie.

Für die Feier der Vermählung war zunächst ein Tag im August 1867 bestimmt. Dann verschob Ludwig das Datum auf den 12. Oktober, den Hochzeitstag seiner Großeltern und Eltern, und schließlich auf den 28. November. Die Brauteltern waren empört. Herzogin Ludovika schrieb an die Königinmutter am 27. September 1867: »Du wirst begreifen, daß mich das Verschieben der Hochzeit über die Liebe des Königs zu Sophie etwas ängstlich und zweifelhaft machte, um so mehr, da seine Herren Äußerungen gemacht haben, die mich in dieser Sorge bestär-

29 Ludwig II. mit seiner Verlobten Sophie, Herzogin in Bayern. Fotografie von Joseph Albert, 1867

ken. Sie sagten, der König würde erst in einigen Jahren heirathen, er fände er sei noch zu jung, er möchte noch seine Freiheit genießen, ja sogar, daß es besser wäre, Sophie zu veranlassen, zurückzutreten. Das hat sie nun vor einigen Tagen gethan und ihm schriftlich sein Wort zurückgegeben; er hat es aber nicht angenommen und ist darauf eingegangen, den Hochzeitstag statt auf den 1. Dezember, wie er anfangs wollte, auf die letzten Tage Novembers festzusetzen.« Wenige Tage später, am 4. Oktober 1867, ließ Ludovika eine weitere Mitteilung folgen: »Das öfter wiederholte Hinausschieben der Hochzeit hat eine für uns ungünstige Stimmung hervorgerufen, und zu so unangenehmem Gerede Anlaß gegeben, daß Max sich genöthigt glaubte, dem König zu schreiben, daß, da es sich nicht länger mit Sophiens Ehre vertrüge, er den König unterthänig bitten müsse, entweder den Termin in den letzten Tagen des November einzuhalten, oder das vor mehr als 8 Monaten gerichtete Verlangen um Sophiens Hand als ungeschehen betrachten zu wollen, wobei er ihn durchaus nicht drängen wolle, diese Verbindung einzugehen, denn es sei nie unsere Absicht gewesen, ihm unsere Tochter aufzudrängen.«

Der Brief des Herzogs mit dem Ultimatum versetzte den König in große Wut. Er fand, dass der Herzog ein »Untertan sei wie jeder andere« und dass es ihm nicht zukomme, einen solchen Ton dem Landesherrn gegenüber anzuschlagen. Sophie ließ er ein Brieflein überreichen, in dem er nun ihren Vater für die Unstimmigkeiten verantwortlich machte: »Geliebte Elsa! Dein grausamer Vater reißt uns auseinander. Ewig Dein Heinrich.«

Am 5. Oktober 1867 schrieb die Königinmutter, die gerade in Berchtesgaden weilte, an ihren Sohn: »Soeben von Salzburg kommend finde ich Tante Louisens (Sophies Mutter Ludovika) Brief und bin begierig, was Du Herzog Max antworten

»Ich liebe Dich so innigst, mein Edgar, wenn du bei mir bist, kann ich es dir nicht so sagen, wie tief dein liebes Bild in meinem Herzen ruht, so tief, daß ich so schmählich alle Pflichten gegen meinen armen König vergaß«, schrieb Sophie am 23. Juli 1867 an den Fotografen Edgar Hanfstaengl. Der weitere Lebensweg der Herzogin war schwierig. Sophie heiratete Ferdinand von Orléans, Herzog von Alençon, lebte dann in England, Palermo, Neapel, Rom und wieder in Possenhofen, nach 1871 dann in Vincennes. Sie begann eine Affäre mit dem österreichischen Arzt Dr. Glaser und floh mit ihm nach

wirst; Gott segne die Antwort.« Ludwig entschied sich für die Auflösung!

Den ausführlichsten Brief mit einer Begründung zur Auflösung der Verlobung schrieb der König der »lieben, theuren Freundin« Cosima von Bülow und vertraute ihr darin seine innersten Gedanken an. Er bekräftigte seine Zuneigung zu Sophie, sagte aber, dass er nicht die nötige Liebe zu ihr empfinde, um sie als seine Gattin und Königin zu sehen. Die Zukunft verhülle sich ihm düster und er fühle, dass er sich mit dieser Heirat jede Möglichkeit nehmen würde, glücklich zu werden. »Wenn nun etwa binnen Jahresfrist das Wesen sich gezeigt hätte, von dem ich wusste, dass das die mir von Gott Bestimmte sei, wenn nun zu dieser mich die wahre Liebe gezogen hätte, der ich hätte folgen müssen, wie namenlos elend wäre ich geworden. Alles wäre zu spät gewesen, ich hätte fortfahren müssen, mich der nun einmal angetrauten Sophie aufzuopfern.« Er wolle durchaus einmal heiraten, doch er finde sich noch so jung, dass er genügend Zeit habe, »das mir von Gott bestimmte Wesen zu finden«. Obgleich es ihm schwer fiel, Sophie so zu kompromittieren, suchte er die Freiheit: »Nach Freiheit nur verlangte ich, nach Freiheit, Freiheit dürstet's mich.«

Cosima gratulierte Ludwig zu seinem Entschluss, sich zu entloben. Sie war der Meinung, Sophies Familie, »die Familie Max – wie das Volk sich ausdrückt«, sei nicht beliebt, dafür aber mächtig und böse und wolle einen Vorteil aus des Königs Auflösung der Verlobung ziehen. »Prinzessin Sophie thut mir einzig dabei leid; liebt sie aber, so wird sie sich schön ergeben, liebt sie nicht – nun dann muss ja auch sie wie befreit sein.« Letzteres traf tatsächlich zu. Sophie hatte sich bei den offiziellen Fototerminen für die Verlobungsbilder heftig in den Fotografen Edgar Hanfstaengl verliebt. Liebesbriefe

Meran. Unter dem Druck ihrer Schwester, der Kaiserin Elisabeth, wurde sie in eine private Irrenanstalt in Maria Grün bei Graz gebracht, bis sie die Leidenschaft zu dem Arzt aufgab. In Paris trat sie dem Dritten Orden der Dominikaner bei und trug den Namen Schwester Marie Madeleine. Als sie im Jahr 1897 an einem von ihr organisierten Wohltätigkeitsbasar teilnahm und dort ein Feuer ausbrach, verbrannte sie bis zur Unkenntlichkeit.

Bereits am 8. Oktober schüttete Ludwig II. seiner »lieben, theuren Freundin« Cosima von Bülow sein Herz aus und informierte sie über die Gründe seiner Entlobung in einem sehr aufschlussreichen, äußerst ausführlichen Brief:
»Nun ist es entschieden, was mich quälte und so ist es gut, ich bin wieder ruhig und heiter, der Friede, der aus mir geflohen war, ist wieder eingekehrt in meine Seele und wird, wie ich sicher hoffe und fest glaube, nie wieder mich verlassen. – Da ich weiss, dass die von mir innig und treu geliebte Freundin den wärmsten, aufrichtigsten Antheil an Allem, was mich betrifft, nimmt, an meinem Glücke wie an meinen Leiden, so folge ich auch dieses Mal dem Drange meiner Seele und schütte Ihr mein Herz aus, was stets so liebevoll von Ihnen aufgenommen wurde. – Als ich im vorigjährigen Sommer öfters meiner Cousine Sophie schrieb und ihr über den auch von ihr mit Begeisterung verehrten und geliebten Meister, Unsrem grossen Freunde, Mittheilung machte, Bücher, Briefe etc. sandte, so erfuhr die Mutter derselben von dieser zwischen mir und ihrer Tochter bestehenden Correspondenz und dachte in ihrer plumpen, ungeschickten Art, es wären gewöhnliche Liebesbriefe, dass es sich um rein geistige Beziehungen handelte, konnte sich dieser Drache nicht denken, denn so sind nun einmal diese beschränkten Menschen, an alles Erhabene legen sie ihren eigenen kurzen Massstab. – Sophie, deren Zuneigung zu mir in der That wirkliche Liebe war, fühlte sich namenlos unglücklich, als sie hörte, dies wäre meinerseits nicht der Fall; aus Rührung und wirklich aufrichtigem Mitleiden für ihre unglückliche Lage liess ich mich zu dem unüberlegten Schritte der Verlobung hinreissen. – Ich kenne sie von Jugend auf, liebte sie stets als theure Verwandte, treu und innig, wie eine Schwester, schenkte ihr mein Vertrauen, meine Freundschaft; aber nicht Liebe. Sie können sich denken, wie entsetzlich für mich der Gedanke war, den Vermählungstag nun immer näher und näher heranrücken zu sehen, erkennen zu müssen, dass dieser Bund weder für sie noch für mich glückbringend sein könnte und doch war es schwer, sogleich wieder zurückzugehen, ›nach Freiheit nur verlangte ich, nach Freiheit, Freiheit dürstet's mich‹, nun habe ich mich losgerissen, warum sollte ich gewaltsam in mein Unglück blindlings hineinrennen, ich, der ich noch so jung bin, noch immer das mir von Gott bestimmte Wesen zu finden Zeit genug vor mir habe? Warum mich fesseln, selbst in Bande schmieden, ein Wesen heirathen, das ich als nahe Verwandte stets liebte, aber nicht so, dass ich sie zur Königin und zu meiner Gattin erheben will, schwarz und düster verhüllte sich mir die Zukunft, warum sollte ich mir für immer die Möglichkeit abschneiden, glücklich zu werden? Wenn nun etwa binnen Jahresfrist das Wesen sich gezeigt hätte, von dem ich wusste, dass das die mir von Gott Bestimmte sei, wenn nun zu dieser mich die wahre Liebe gezogen hätte, der ich hätte folgen müssen, wie namenlos elend wäre ich geworden, Alles wäre zu spät gewesen, ich hätte fortfahren müssen, mich der nun einmal angetrauten Sophie aufzuopfern; o es muss ein schreckliches Loos sein, aufgeopfert werden. – Da galt es, das Ungewitter zu zerstreuen, das ich selbst über meinem Haupte heraufbeschworen hatte, ich dachte der erste Verdruss ist besser wie der letzte und setzte Sophie in einem ausführlichen Schreiben Alles auseinander, nun ist ihre Hand frei, sie kann noch glücklich werden und ich. O wohin wäre es mit

wurden ausgetauscht, die vor einigen Jahren wieder aufgetaucht sind. Es ist unwahrscheinlich, dass Ludwig II. je von dieser Liaison seiner Braut etwas erfuhr.

Die im Regierungsblatt vom 11. Oktober 1867 veröffentlichte Bekanntgabe der Entlobung lautete: »Die Verlobung S. M. des Königs mit der Prinzessin Sophie sei rückgängig gemacht worden und zwar im gegenseitigen Einverständnisse, nachdem man zur Erkenntnis gekommen sei, dass nicht jene wahre Neigung des Herzens bestehe, welche eine glückliche Ehe gewährleiste.«

Und dabei hatte sich ganz Bayern – und nicht nur dieses – auf die Hochzeit gefreut! Wo immer die Verlobten erschienen, waren die Menschen entzückt. Ein wahrhaftes Märchenkö-

all Unsren Plänen gekommen, wenn die unglückbringende Ehe nun geschlossen worden wäre, wenn das innere Leiden, Gram und Trauer mich verzehrt hätten, woher hätte ich den Schwung zur Begeisterung für Unsere Ideale genommen, mein inneres Mark wäre gebrochen gewesen, zerrinnen wie müssige Hirngespinste hätten all die goldnen Träume müssen, keine Kunstschule wäre entstanden, kein Fest-Theater hätte sich je erhoben, für mich hätten die Meistersinger nicht existiert, die Nibelungen, Parcival hätten mich nicht durch ihre Wonnen beseligt, mein Schatten nur hätte auf Erden ein trübes friede- u. freudeloses Dasein geführt und zehnfacher Tod wäre mir erwünschte Lust gewesen; Alles, Alles wird nun, ich bin erwacht aus qualvollfolterndem Traum, fühle die alte, ungebeugte Heldenstärke in mir, die ihrer hohen Sendung nicht untreu werden muss, Heil Wagner, für Dich vergiesse ich froh mein letztes Herzensblut! – Brauche ich Ihnen zu sagen, wie namenlos glücklich mich die letzte Lohengrin-Aufführung machte? Aus ihr erwuchs mir die Kraft, die lästigen, einengenden Bande gewaltsam zu sprengen, o immer übt dieses gottentstammte Werk seine Wunderkraft aus! – Anfangs Februar hoffe ich sicher die Meistersinger hören zu können. Wie sehne ich mich nach Fortsetzung der Biographie, o bitte, bitte! – O nun lebe ich wieder auf! Ja jetzt erkenne ich sie wieder, die schöne Welt, der ich entrückt, der Himmel blickt auf mich hernieder, die Fluren prangen reich geschmückt; der innere Frieden, die frohlockend jauchzende Seelenfreude lässt keine Sorge aufkommen, da blühen Blumen den inneren geistigen Augen, wo in der Wirklichkeit nur kalte Eis- und Schneegefilde (wie jetzt hier) sichtbar sind, von Poesie ist das herrliche Hohenschwangau durchweht, obgleich heute Abend leider meine Mutter und mit ihr die personificierte Prosa ihren Einzug hält. – Mit Schauder blicke ich das heutige Gekritzel an, Vergebung, aber Papier und Federn waren unter aller Kritik. Tausend Grüsse der geliebten Freundin! Treu bis zum Tod!

Ludwig.

Hohenschwangau
8. Okt. 1867 /.«

nigspaar: Sophie sollte die erste Königin Bayerns werden, die aus Bayern stammte und nach drei evangelischen Königinnen katholisch war. So konnte man es überall lesen. Diese Hochzeit hätte alles bisher im Königreich Dagewesene überboten. Das Fest versprach mit »allem bayerisch-barocken Pomp gefeiert zu werden«. Doch wie verhasst Ludwig der Gedanke an eine Vermählung mit Herzogin Sophie war, zeigt seine Äußerung in einem Brief an Cosima von Bülow: »Wäre der Rückgang der Verlobung auf gute Art nicht zu ermöglichen gewesen, so war ich fest entschlossen, mittels Blausäure meinem Leben ein Ende zu machen.« Schließlich meinte der König, er sei sehr froh, mit Possenhofen und seiner Einwohnerschaft nichts mehr zu schaffen zu haben. »Wir Beide taugen nie und nimmermehr zusammen; Gottlob, dass ich sie los wurde.« Fünf Jahre später notierte Cosima am 5. Juli 1872 in ihrem Tagebuch: »In den Bierhäusern in München sagen die Leute unumwunden, der jetzige König sei der letzte König von Bayern, wenn er nicht heirate, denn von der Familie Luitpold lasse man sich nicht regieren, man würde dann preußisch.«

Ludwigs Bruder Otto äußerte sich in einem Brief an seine Cousine Therese sehr distanziert zur Entlobung: »Wie traurig haben sich die Angelegenheiten zwischen Ludwig und Sophie gestaltet. So schrecklich es ist, so ist es, denke ich, doch besser, sie gehen beizeiten auseinander, als dass sie am Ende zeitlebens unglücklich zusammen leben ...« Kaiserin Elisabeth, Sophies Schwester, war äußerst ungehalten über die Entlobung. Sisis Wut auf den Königsvetter muss aber bald dahingeschwunden sein. Es lässt sich nämlich erkennen, dass sie ihre »Einzige«, ihre 1868 geborene Tochter Marie Valérie, nicht ungern als spätere Gemahlin Ludwigs gesehen hätte. Vom September 1880 ist ein Brief der Königinmutter an Ludwig erhalten, in dem unter anderem steht: »Also Sisi schickte Dir ein

---

Da Du die Überzeugung hattest, in bewußter Angelegenheit unglücklich zu werden, so freut mich, daß Du Dein Versprechen zurückbekommen hast.

Ludwig I. über die Auflösung der Verlobung im Oktober 1867

Bild von Valérie. Du willst aber noch nichts von ihr hören!! Das kann ich mir denken.«

Ludwig II. selbst vertraute seinem Tagebuch an: »Sophie abgeschrieben. Das düstere Bild verweht; nach Freiheit verlangt mich, nach Freiheit dürstet mich, nach Aufleben von qualvollem Alp.«

Zarin Maria Alexandrowna von Russland

Ludwig II. schwärmte nicht nur für Elisabeth, die Kaiserin von Österreich, sondern auch für Zarin Maria Alexandrowna von Russland, die seine Vorstellungen vom Wesen und von den Aufgaben des Königtums weit mehr beeinflusste als jene. Was Ludwig an der Zarin so faszinierte, schilderte er in seinem Brief vom 19. Juli 1865 an den bayerischen Staatsminister Ludwig Freiherr von der Pfordten: »Ich wollte, Sie kennten die Kaiserin von Russland. Diese bedeutende Frau machte auf mich den Eindruck einer Heiligen. Die Glorie der Reinheit umstrahlte sie.« Der Zarin versicherte der König, dass niemand ohne Ausnahme einen so tiefen und nachhaltigen Eindruck auf ihn gemacht habe wie sie. »Wie durch Sakramentes Kraft« habe er sich in ihrer Nähe und durch ihre Worte erhoben und gestärkt gefühlt.

Die Zarin war das jüngste Kind des Großherzogs Ludwig II. von Hessen und bei Rhein und seiner Gemahlin Wilhelmine, einer geborenen Prinzessin von Baden. Sie war am 8. August 1824 zur Welt gekommen und somit 21 Jahre älter als Ludwig. Mit 16 Jahren wurde die evangelische Maria im April 1841 mit dem russischen Thronfolger Alexander II. vermählt und trat zum russisch-orthodoxen Glauben über. Von ihren acht Kindern starb der Thronfolger Nikolai im Alter von nur 22 Jah-

Alexander II. wurde als Sohn des Zaren Nikolaus I. am 29. April 1818 in Moskau geboren. Nach dem Tod seines Vaters 1855 bestieg er den Zarenthron und beendete 1856 den Krimkrieg, der die 1783 beginnende Annexion endgültig machte. Außenpolitisch verständigte er sich 1863 mit Preußen, während er im Inneren eine Reform des Rechtswesens und der Verwaltung durchführte und 1861 die bäuerliche Leibeigenschaft aufhob. Weitergehende Reformpläne gelangten jedoch nicht zur Ausführung. Am 13. März 1881 wurde er in St. Petersburg ermordet.

ren. Maria Alexandrowna litt stark an einer längere Zeit nicht erkannten Tuberkulose.

Zwischen Ludwig II. und der Zarin gab es mehrfache verwandtschaftliche Beziehungen. So war Ludwigs Tante Elisabeth von Preußen, die Schwester seiner Mutter, mit Prinz Karl von Hessen, einem Bruder der Zarin, vermählt. Zu einer ersten persönlichen Begegnung zwischen Ludwig und der Zarin kam es im Sommer 1864 in Kissingen, wo sich wenige Monate nach der Thronbesteigung Ludwigs das österreichische Kaiserpaar mit 58 Personen und das russische Kaiserpaar mit seinen drei Kindern und einem Hofstaat von 88 Personen aufhielten, des weiteren König Karl I. von Württemberg mit Königin Olga. Als neuer Landesherr begab sich Ludwig II. zusammen mit seinem Bruder Otto und einer Entourage von 25 Personen am 18. Juni 1864 zur Begrüßung der hohen Kurgäste ebenfalls nach Kissingen. Er wollte eigentlich nur wenige Tage bleiben, doch es wurde ein Aufenthalt von vier Wochen daraus. Da das russische Zarenpaar auch seine einzige Tochter mitgebracht hatte, brodelte die Gerüchteküche, der König von Bayern werde sich möglicherweise mit der damals knapp elfjährigen Großfürstin Marie verloben. Ludwig jedoch war vor allem von der Zarin fasziniert, die er in seinen Briefen als »Engel«, »meine Kaiserin«, ja sogar als »meine wahre Mutter« bezeichnete. Gegen diese letztere Titulierung protestierte die Zarin entschieden und bat ihn zu seiner eigenen Mutter, die das schwere Schicksal des frühen Todes ihres Mannes zu tragen habe, besonders lieb und freundlich zu sein.

Nach der Abreise der Zarin aus Kissingen kehrte Ludwig am 15. Juli für zwei Wochen nach München zurück, doch eilte er am 29. Juli nach Schwalbach im Taunus, wo Maria Alexandrowna eine Nachkur angetreten hatte. Im Sommer 1868 machte die Zarin erneut eine Kur in Kissingen, und Ludwig II. reiste

---

Das Seefest kam. Es war ungeheuerlich. Der ganze See war ein einziges Feuerfeld. Wie eine Märcheninsel strahlte das königliche Floß inmitten von gewiß fünfhundert flink herumirrenden, blinkenden, blumengezierten Booten. Die ganze Nacht spielten abwechselnd die besten Kapellen Partien aus Wagner-Opern und dann wieder wunderbare italienische Gondoliere-Lieder. Glänzend verlief das Fischerstechen, der Dennerdollinger-Knecht bekam vom König persönlich einen silbernen Becher.

Oskar Maria Graf, ›Chronik von Flechting‹, 1925

zu ihr. Am 8. August durfte er allein mit Maria Alexandrowna deren Geburtstag feiern. Der König lud die Zarin zu einem anschließenden Besuch nach Bayern ein. Er empfing sie am 26. September in Pasing und begleitete sie nach Schloss Berg. Während ein Großteil der kaiserlichen Begleitung im Starnberger Gasthof Am See einquartiert wurde, fuhr Ludwig mit der Zarin und fünf Personen ihres Hofstaates auf dem Dampfer *Tristan* nach Schloss Berg, das er der Kaiserin für die Dauer ihres kurzen Aufenthalts überließ, während er selbst ein Nebengebäude bezog. Nach einem Essen auf der Roseninsel – es sei das poetischste Diner ihres Lebens gewesen, soll die Zarin gesagt haben – fuhren Ludwig und seine Gäste im Kielwasser eines Dampfers, auf dem eine bayerische Regimentsmusik spielte, auf der *Tristan* wieder zurück nach Berg. Die Majestäten begaben sich ins Schloss. Als sie bald darauf auf den Balkon hinaustraten, begann ein Feuerwerk, das Oskar Maria

30 Besuch der Zarin Maria Alexandrowna auf Schloss Berg am 26. September 1868. Gemälde von Josef Walter

Graf verewigte und das in einem Gemälde festgehalten worden ist. Eine bengalische Beleuchtung von Schloss und Park Berg sowie das Feuerwerk über dem Starnberger See waren von unglaublicher Pracht. Die ganze Nacht spielten abwechselnd die besten Kapellen Partien aus Wagner-Opern oder italienische Gondoliere-Lieder.

Am folgenden Tag, dem 27. September, besuchten die Zarin und der König gemeinsam einen Gottesdienst, unternahmen eine weitere Dampferfahrt auf dem See bis St. Heinrich, besuchten die Roseninsel und dann in Possenhofen die Eltern von Ludwigs Braut, das Herzogspaar Max und Ludovica.

Bei ihrer Weiterreise nach Italien begleitete Ludwig die Zarin bis Innsbruck und bei ihrer Rückkehr fuhr er ihr am 14. November 1868 bis Kufstein entgegen. Am Abend des folgenden Tages wurden in München ihr zu Ehren Richard Wagners ›Die Meistersinger von Nürnberg‹ aufgeführt und am 16. November begleitete der König die Zarin auf ihrer Weiterreise bis an die Landesgrenze bei Nördlingen.

Ludwig schätzte die persönliche Nähe der Zarin sehr, mit ihr allein erlebte er jene »für mein ganzes Leben unvergeßlichen Stunden« und konnte mit ihr – »befreit von lästigen Hofleuten« – viele Fragen ausführlich bereden, die ihm auf der Seele lagen. Von ihr ließ er sich sogar herbe Kritik an seiner Lebensführung gefallen. Waren es oft auch »engelsmilde« Mahnungen, so wies sie ihn dringlich darauf hin, seine Stellung im Volk zu festigen und vor allem seinen Hang zur Zurückgezogenheit zu bekämpfen. Sie beschwor ihn alles aufzubieten, um das monarchische Prinzip und die Liebe zur angestammten Dynastie in den Herzen der Bayern aufrechtzuerhalten. In einem Brief vom April 1869 versprach Ludwig der Zarin, dass er alles tun werde, um »den guten, gesunden Kern, der Gottlob noch im bayerischen Volke vorhanden« sei,

31 Zarin Maria Alexandrowna von Russland. Stahlstich von August Weger, um 1855

zu hegen und zu pflegen. Nach der Niederlage Bayerns im Deutschen Bruderkrieg von 1866 gegen Preußen nutzte er seine Beziehungen zum russischen Herrscherhaus. Er bat die Zarin, sie möchte den Zaren in seinem Namen ersuchen sich »für mich und mein Land bei Preußen dahin zu verwenden, dass er von den exorbitanten Forderungen abgehe«.

Als die Zarin 1865 vom schlimmsten Schicksalsschlag getroffen wurde, der eine Mutter treffen kann, dem Tod ihres Sohnes Nixa, des Thronfolgers Nikolai, nahm Ludwig innigen Anteil.

Im Sommer 1878 bereitete sich Ludwig II. auf eine Reise nach Russland und Moskau vor. Das klingt fast unglaublich, da er es über alles hasste, reisen zu müssen und beispielsweise nicht zu bewegen war, dem »Heldenkaiser« Wilhelm I. den längst überfälligen »Huldigungsbesuch« in Berlin abzustatten. Die Reiseroute für die Russlandfahrt war bereits festgelegt, es mussten nur noch Erkundigungen über die in Warschau ausgebrochene Blatternepidemie und über die Gesundheitsverhältnisse entlang der Reiseroute eingezogen werden. Doch dies bot dem Kabinettssekretär Friedrich von Ziegler den willkommenen Anlass, Ludwigs Reiseplan zu hintertreiben und schließlich zu verhindern.

Lila von Bulyowsky

Die graziöse und begabte ungarische Schauspielerin Lila von Bulyowsky hatte in München ihre Glanzzeit. Ludwig bewunderte sie in ihrer Rolle als Maria Stuart und identifi-

32 Lila von Bulyowsky als Maria Stuart. Fotografie von Joseph Albert, vermutlich um 1866

zierte die Künstlerin, wie es seine Art war, mit ihrer Theaterrolle. Der König beauftragte den Hofmaler F. Heigel ein Aquarell der Künstlerin als Maria Stuart zu malen. Nach einer Vorstellung der ›Maria Stuart‹ ließ Ludwig mitten in der Nacht die Allerheiligen-Hofkirche aufsperren, um für das Seelenheil der Schottenkönigin zu beten.

Lila von Bulyowsky wohnte in der Maximilianstraße, in ihrem Schlafzimmer hing gegenüber ihrem Himmelbett eine große Fotografie des jungen Königs im Georgiritterkostüm. Doch das Verhältnis zwischen beiden ist am besten mit »Ebbe und Flut« zu umschreiben. Oft wurde die Künstlerin mitten im Winter nach Hohenschwangau gerufen. Dann erhielt sie plötzlich den Befehl, München binnen 24 Stunden zu verlassen, worauf sie erwiderte, sie kenne ihre Rechte. Bald lag der König aufs höchste erregt zu ihren Füßen, bald verbot er ihr am Theater aufzutreten. In seinen Briefen nannte er sie »seine geliebte Freundin« und schrieb ihr in schwärmerischen und poetischen Huldigungen. Ihre Besuche in Hohenschwangau oder auf der Roseninsel sollten natürlich geheim bleiben.

Auch während seiner Verlobungszeit lud der König die Schauspielerin auf die Roseninsel ein. Nach dem Diner bot er ihr den Arm zu einem kleinen Spaziergang über das mit 150 000 blühenden Rosen bepflanzte Inselchen. Doch es hatte geregnet, die Kieswege waren nass, die feinen Schuhe und die Schleppe ihres Seidenkleides wurden beschmutzt. Der König pflückte eigenhändig einige Rosen und überreichte sie der Schauspielerin, die nun auch noch um ihre Handschuhe fürchtete. Als der König dies bemerkte, nahm er ihr die Rosen wieder ab. Dabei machte er den Vorschlag, das Blumengeschenk in anderer Form zurückzuerstatten. Lila von Bulyowsky, die übrigens verheiratet war und vier Kinder hatte, träumte von Schmuck. Doch sie bekam zu ihrem großen Är-

---

Nachdem ihm Richard lange vorgeleiert,
Ist der Bulyowsky endlich es gelungen,
Daß sie das rechte Lied ihm hat gesungen …
Der Keusche ist nun andern gleich gefallen usw.

Spottlied der Lakaien auf das vermutete Verhältnis
Lila von Bulyowskys mit Ludwig II.

ger gepresste Blumen, denn ihre Auslagen für solche Besuche beim König und ihre Fahrtkosten bezahlte ihr niemand.

Bei ihrem dreitägigen Aufenthalt auf Schloss Hohenschwangau zeigte Ludwig der Schauspielerin die Sehenswürdigkeiten des Schlosses und somit auch das Schlafzimmer, das zu ihrer großen Verwunderung mit erotischen Gemälden geschmückt war.

Ludwig verhielt sich nicht immer sehr nett gegenüber der Schauspielerin. Einmal klagte er gegenüber seinem Ministerialrat Franz von Leinfelder, sie habe ihn so bedrängt, dass er sich in eine Ecke des Zimmers habe flüchten müssen, und dem Schauspieler Kainz erzählte er, sie sei ihm einmal im Schlitten zu Füßen gefallen. Auf Wunsch der Königinmutter und des Kabinettssekretärs musste der König die nächtlichen Einladungen einstellen. Es begann nun ein Briefwechsel zwischen dem König und der Schauspielerin. Er schrieb an »Julia« und »Maria Stuart« und unterzeichnete mit »Romeo« und »Mortimer«.

Gottfried von Böhm, Biograf Ludwigs II., besuchte die damals einundsiebzigjährige Schauspielerin. Sie erzählte ihm, dass Königinmutter Marie sie nach »jenem Vorfall« zu einer Audienz auf Schloss Hohenschwangau befohlen habe. Dort eröffnete sie ihr, dass der König niemals heiraten werde, solange sie in Bayern bliebe, und nahm ihr das Versprechen ab, ihren Kontrakt am Theater nach eineinhalb Jahren nicht mehr zu erneuern. Lila von Bulyowsky gab ihr Wort und hielt es auch.

Marie Dahn-Hausmann

Von ganz anderer Art war die Beziehung zwischen Ludwig und der Schauspielerin Marie Dahn-Hausmann. Er hatte sie als Kronprinz in der Rolle der Thekla in Schillers ›Wallen-

Ich fand immer erklärlich den poetischen Hang Eurer Majestät zu den Bergen mit ihren Klüften, Sturzbächen, Wasserfällen, moosbedeckten Felsen und schmalen Saumpfaden, aber jetzt erst begreife ich ihn vollkommen. Hier ist man wirklich näher zur Natur und entfernter von den Menschen. Hier fühle ich sogar die Scheu schwinden, die mich gewöhnlich Majestät gegenüber gefangen hält. Und wäre die Roseninsel in einem Alpensee – Schloss Berg aber 10000 Fuß über dem Meer gelegen, so würde vielleicht mein Herz höher schlagen … *Lila von Bulyowsky an Ludwig II.*

stein‹ gesehen und sie hatte ihm schon damals, wie er schrieb, »aufrichtige und wahre Zuneigung« eingeflößt. Er lud sie und ihren Mann 1875 zu einem Aufenthalt auf dem kurz vorher erworbenen Besitz Herrenchiemsee ein.

Der Monarch korrespondierte gerne mit der Schauspielerin. Er sah sich mit ihr einig im Hass gegen das Niedrige und schrieb ihr: »Daß ich oft von einem wahren Fieber des Zornes und des Hasses erfasst und befallen werde, mich voll des Ingrimmes abwende von der heillosen Außenwelt, die mir so wenig bietet, ist begreiflich; vielleicht mache ich einstens meinen Frieden mit der Erdenwelt, wenn alle Ideale, deren heiliges Feuer ich sorgsam nähre, zerstört sein werden. Doch – wünschen Sie das nie! – Ein ewiges Räthsel will ich bleiben mir und anderen ...« Marie Dahn-Hausmann überlebte den König um viele Jahre. Sie starb im März 1909 als Ehrenmitglied der Münchener Hofbühne.

33 Marie Dahn-Hausmann

Die Kriege von 1866 und 1870 und die Reichsgründung 1871

Der deutsche Bruderkrieg 1866

»Ist denn kein Mittel, keine Möglichkeit vorhanden, den Krieg zu vermeiden?«

Als Ludwig II. die Regierung antrat, befanden sich die beiden Großmächte Preußen und Österreich im Krieg mit Dänemark um die deutschen Herzogtümer Schleswig und Holstein. Nach der widerrechtlichen preußischen Besetzung des von Österreich verwalteten Holstein am 7. Juni 1866 forderte Habsburg von den übrigen Ländern des deutschen Bundes am 11. Juni die Bundesexekution gegen den Rechtsbrecher. 13 bundestreue und auf dem Boden des Rechts stehende Staaten wie Österreich, Hannover, Sachsen, Württemberg, Baden, Hessen-Darmstadt, Kurhessen und Bayern zogen daher gegen 18 von Preußen abhängige, kleinere norddeutsche Staaten ins Feld. Ludwig weilte in diesen wichtigen Tagen auf Schloss Berg und nicht in der Residenzstadt München, was ihm viele Zeitgenossen verübelten. Schon im Februar aber hatte der König sehr bestürzt reagiert, als ihm sein Außenminister die drohende Kriegsgefahr vor Augen stellte.

Bismarck war der Meinung, dass der zwanzigjährige König eine bessere Einsicht in die politischen Gegebenheiten habe als seine Minister, denn er hatte im Streit um die Vorherrschaft in Deutschland keine besondere Neigung zur österreichischen Politik und wäre am liebsten neutral geblieben. Aber sein »Unglücksrabe«, Freiherr von der Pfordten, und die hinter ihm stehenden Preußen- und Protestantenfeinde zwangen ihn zur Teilnahme am 1866er Krieg.

Im so genannten **Deutschen Krieg** von 1866 besiegte die preußische Armee bei Königgrätz die österreichische mit ihren süddeutschen Verbündeten. Um einer französischen Einmischung zuvorzukommen, beschwor Bismarck König Wilhelm I. darauf zu verzichten, den Sieg militärisch auszunutzen. Er nutzte die Tatsache, dass Frankreich im Süden Deutschlands Gebietsansprüche erhob, um die süddeutschen Staaten hinter sich zu bringen, die mit Preußen »Schutz- und Trutzbündnisse« abschlossen.

Als der Krieg vor der Tür stand, ließ Ludwig vernehmen, dass er diesen Krieg nicht wolle und für die bewaffnete Neutralität plädiere. Seinen Verpflichtungen gegenüber Österreich und dem Deutschen Bund entzog er sich dann allerdings nicht, um sich, wie er sagte, nicht dem »Vorwurf des Wortbruchs und der Treulosigkeit« aussetzen zu müssen. Schon sein Vater, Maximilian II. Joseph, hatte sich kaum um die bayerische Armee gekümmert, die in »keinem genügenden Zustand« war. Es war nicht zu erwarten, mit ihr große Lorbeeren zu ernten – trotz der guten Gesinnung der Mannschaft und der »angeborenen Rauflustigkeit der Bayern«.

Am 3. Juli 1866 ging die Entscheidungsschlacht im böhmischen Königgrätz zwischen Österreich und Preußen zugunsten Preußens aus und am 2. August bat Bayern um einen Waffenstillstand. Als die Königinmutter ihren Sohn dazu beglückwünschen wollte, wusste allerdings niemand, wo sich der König aufhielt.

Nach dem Waffenstillstand entlud sich ein wahrer Sturm der Entrüstung im Land über die militärischen Führer Bayerns. Völlig unerwartet ergriff Ludwig II. im August die politische Initiative, als er die überzogenen und harten Friedensbedingungen Bismarcks unterbreitet bekam. So sollte Bayern zwei unterfränkische Bezirksämter abgeben, die beträchtliche Summe von 30 Millionen Gulden Kriegsentschädigung zahlen, mit dem preußischen König ein Schutz- und Trutzbündnis schließen und sich verpflichten im Kriegsfall das bayerische Heer dem Kommando des preußischen Königs zu unterstellen. Diese Forderungen verletzten Ludwigs II. Anspruch auf Souveränität zutiefst. Bei den Friedensverhandlungen bat er daher seine Mutter ihre verwandtschaftlichen Beziehungen zu nutzen und bei ihrem Vetter, König Wilhelm I., im Interesse des Landes zu intervenieren.

Die Schaffung eines einheitlichen **Deutschen Reichs** war die zentrale Idee, die hinter Bismarcks Deutschlandpolitik und letztlich auch hinter dem Deutschen Krieg von 1866 stand. Sie kam schließlich im Jahr 1871 durch mehrere Faktoren zustande, die sich wechselseitig begünstigten. Zum einen war es die allgemeine ökonomische Entwicklung, die über kurz oder lang die Schaffung eines einheitlichen Wirtschaftsraumes erzwang, zum anderen die Entwicklung eines Nationalverständnisses, dem seit der 1848-er Revolution auch demokratisch-liberale Kräfte anhingen. Bismarck, seit 1862 preußischer Ministerpräsident,

34 Schlacht bei Königgrätz. Gemälde von Christian Sell, 1866

Die Königinmutter kam dem Wunsch ihres Sohnes nach und bat darum, die Reparationszahlungen und Gebietsabtretungen nicht zu hoch anzusetzen. Die Antwort fiel wenig schmeichelhaft aus. Wilhelm versicherte seiner Cousine, er habe Bayern bereits mit so viel Nachsicht behandelt, dass sein Volk und seine Armee es ihm übel nehmen könnten. Außerdem habe er den beiden Unterhändlern aus Bayern gesagt: »Wäre Bayern neutral geblieben, wie es sich bis in den letzten Wochen vor Ausbruch des Krieges den Schein gab, so hätte ganz Deutschland sich diesem Beispiel angeschlossen ... Nachdem Bayern aber dem übrigen Deutschland das Zeichen der Kriegsrüstung gegen uns gab, war der Krieg unvermeidlich und wurde es nun erst ein Bruderkrieg! ... Wir werden hoffentlich nun Freundes-Staaten werden und nur noch den gemeinschaftlichen äußeren Feind kennen.«

---

wusste diese teils widerstreitenden Strömungen in den Dienst seiner Politik zu stellen. Von Beginn an war für ihn klar, dass Preußen im Deutschen Reich eine Vormachtstellung bekommen sollte. Er baute das Militär aus, das in Preußen auch zivile Lebensformen stark beeinflusste. Mit wechselnden Bündnissen und einigen Kriegen in z. T. abenteuerlichen Konstruktionen mit wechselnden Partnern gelang es ihm, auch die verschiedenen Parteien des preußischen Landtags zu einen und für die Idee eines Deutschen Kaiserreichs zu gewinnen, das er nach dem Sieg über Napoleon III. im Jahr 1871 ausrufen ließ.

35 ›Im Curgarten zu Kissingen, den 12.8.1866‹. Lithografie von C. Schweitzer

Verglichen mit den von Bismarck geforderten Reparationszahlungen und Gebietsansprüchen war der preußische Cousin dann allerdings wirklich modest und Ludwig schrieb seiner Mutter: »Glücklicher Weise sind die Bedingungen besser, als zu erwarten stand.«

Doch das Land litt unter den Folgen des Krieges. Die Zahl der Kriegsverwundeten sowie der krank vom Feld Zurückgekehrten war groß. Die Königinmutter und Ludwig II. nahmen Anteil an deren Los. Marie berichtete ihm, welch große Freude in den Spitälern herrsche, wenn er dort erschien, und es hinge nun auch seine Fotografie bei jedem Bett. Unter dem Eindruck der Folgen des Bruderkrieges gründete Ludwig den »Bayerischen Invaliden-Unterstützungsverein«.

Im **Deutschen Zollverein** strebten die deutschen Staaten eine Wirtschaftseinheit auf deutschem Gebiet an. Pläne dazu bestanden seit 1815, doch erst 1828 kam es zu Abschlüssen entsprechender Verträge zwischen Preußen und Hessen-Darmstadt einer- und Bayern und Württemberg (Süddeutscher Zollverein) andererseits. 1833 schlossen sich beide Bündnisse mit Kurhessen, Sachsen und den thüringischen Staaten im Deutschen Zollverein zusammen; später folgten auch die norddeutschen Länder. Das Bündnis wirkte durch Maßnahmen wie Abbau der Zollschranken wesentlich auf die Einigung des Deutschen Reiches hin.

Im Juli 1867 schloss sich Bayern im neuen Zollvereinsvertrag, der auch ein direkt gewähltes Zollparlament vorsah, wirtschaftlich noch enger an Norddeutschland an. Mit der Wahl zum Zollparlament 1868 kündigte sich ein vollständiger, auch in der folgenden Landtagswahl 1869 sichtbarer innenpolitischer Wandel an: Die Mehrheit des Volkes wählte katholisch-konservativ und nicht mehr liberal. Hohenlohe trat zurück, ihm folgte am 8. März 1870 der Diplomat Otto Graf von Bray-Steinburg im Amt. Dieser Ministerwechsel stand bereits im Schatten des französisch-preußischen Konflikts um die spanische Thronkandidatur der katholischen Hohenzollern-Sigmaringen. Der Konflikt entlud sich dann im Deutsch-Französischen Krieg von 1870.

Der Deutsch-Französische Krieg 1870/1871 und die Reichsgründung

»Herr von Bismarck will aus meinem Königsreich eine preußische Provinz machen.«

Nach wie vor gilt das Jahr 1866 als Epochenjahr in der deutschen Geschichte, denn das 1871 gegründete Deutsche Reich war »eher das Ergebnis der Schlacht von Königgrätz und weniger das Ergebnis der Schlacht von Sedan« im Deutsch-Französischen Krieg.

Am 19. Juli 1870 erklärte Frankreich, durch Bismarcks Politik provoziert, Preußen den Krieg. Das 1866 geschlossene Schutz- und Trutzbündnis mit Preußen verpflichtete Bayern an dessen Seite in den Krieg einzutreten. Ludwig II. telegrafierte dem König von Preußen nach Berlin: »Mit Begeisterung werden meine Truppen an der Seite ihrer ruhmgekrönten Bundesgenossen für das deutsche Recht und deutsche Ehre den Kampf aufnehmen. Möchte er zum Wohle Deutschlands

---

Als eine Ursache für den **Deutsch-Französischen Krieg** gilt die französische Prestigepolitik Napoleons III., der versuchte die territorialen Regelungen des Wiener Kongresses (1815) zugunsten Frankreichs zu revidieren. Dazu führte er Kriege, versuchte den Niederlanden Luxemburg abzukaufen etc. Ein weiterer Grund lag in der berechtigten Furcht vor preußischem Hegemonialstreben. Als äußerer Anlass gilt Bismarcks bewusst verkürzte Wiedergabe des Protokolls eines Gesprächs zwischen Wilhelm I. und einem französischen Diplomaten zum Thronverzicht des Prinzen Leopold von Sigmaringen in Bad Ems (Emser Depesche).

und zum Heile Bayerns werden.« Bereits am 16. Juli hatte Ludwig die Mobilmachung von 55 000 Soldaten befohlen, die in die III. Preußische Armee eingegliedert wurden. Zur Übernahme des Oberbefehls reiste der preußische Kronprinz Friedrich Wilhelm am 27. Juli nach München. Diesen Befehlshaber seiner Truppen freundlich zu empfangen, muss Ludwig sehr schwer gefallen sein, denn es war ihm wohl bewusst, welch unabsehbare Folgen für Bayern dieser Bündnisvertrag haben konnte. Dennoch empfing er den preußischen Thronfolger herzlich und gab ihm zu Ehren um 17 Uhr eine große Familientafel mit Musik im Königsbau. Am Abend besuchten sie gemeinsam eine Festvorstellung im Hoftheater. Zur Aufführung kam Schillers ›Wallensteins Lager‹. Das Theater war mit 2000 Menschen brechend voll. Als der bayerische König und der preußische Kronprinz in der Königsloge erschienen, brach trotz der kaum überwundenen Ressentiments aus der nur wenige Jahre zurückliegenden Niederlage stürmischer, kaum enden wollender Jubel aus. Die nationale Begeisterung war stärker.

Spät nachts schrieb Ludwig dem Kronprinzen einen langen Brief, in dem er die sichere Hoffnung aussprach, König Wilhelm werde die Vertragstreue Bayerns zu würdigen wissen, indem er dafür sorge, dass es auch nach dem Krieg »seine Stellung als selbständiger Staat« behalte. Der Brief wurde Friedrich am folgenden Morgen überbracht, als er gerade den Wagen bestieg, um mit Prinz Leopold und Ludwigs Bruder Otto zur Front zu fahren.

Der Krieg selbst langweilte König Ludwig. Er war durch niemanden zu bewegen seine Truppen im Feld zu besuchen. Stattdessen hielt er sich entweder in Schloss Berg, Hohenschwangau oder Linderhof auf, um die reine Bergluft zu atmen. Als er eines Tages in Hohenschwangau im Erker seines

---

Als die beiden märchenhaften Gestalten, der hochgewachsene, hellbärtige, nordische Königssohn mit den leuchtenden Augen und der ihn um Haupteslänge noch überragende, dunkelgelockte Bayernherrscher sich umarmten, toste der Beifall, immer wieder erneuernd, dass ich minutenlang nicht wieder zum Worte kommen konnte.

Der Theaterleiter Ernst von Possart über Ludwig II.
und den preußischen Kronprinzen Friedrich Wilhelm
in der Königsloge, 27. Juli 1870

Arbeitszimmers saß, notierte er angesichts der unvergleichlichen Aussicht auf See und Berge in seinem Tagebuch: »Die kalten Fluten des Alpsees ziehen mich an.« An Sybille Meilhaus schrieb er: »Mit Macht sehne ich mich nach einem baldigen, dauernden Frieden, der segensreich sei für ganz Deutschland, vorzüglich aber für mein geliebtes Bayern.«

Schon kurz vor Beginn des Krieges hatte die Königinmutter Marie einen Aufruf erlassen, in dem sie an die Frauen Bayerns appellierte sich den Aufgaben zu stellen, die dem »Frauenverein« nun bevorstanden. Das Zentralkomitee und die Kreisausschüsse nahmen unverzüglich ihre Tätigkeit auf. Zum einen ging es darum, Geld zu sammeln, zum anderen, Verbandszeug, Wäsche und Medikamente zu beschaffen. Die Ausstattung der Lazarettzüge und Sanitätskorps sollte ebenfalls vom

36 Ein bayerischer Chevauxleger rettet im Gefecht von Stürzelbronn am 1. August 1870 einen gestürzten preußischen Husaren vor den Franzosen. Gemälde von Louis Braun

Verein übernommen werden. Für die Arbeit des Frauenvereins stellte die Königinmutter Räume im königlichen Odeon zur Verfügung. Der große Konzertsaal glich einer Lagerhalle und Werkstatt, in der geschäftiges Treiben herrschte.

Marie ließ auf eigene Kosten in Schloss Fürstenried und im »Paradiesgarten« ein Lazarett einrichten. In Haidhausen wurde unter der Leitung des Frauenvereins und dem Protektorat der Prinzessin Alexandra ein Spital für die verwundeten Soldaten eröffnet. Nicht nur die Königinmutter, auch Ludwig selbst und zahlreiche Mitglieder der königlichen Familie besuchten dort die Verwundeten. Der König unterhielt ebenfalls aus eigenen Mitteln 240 Betten für Verwundete. Seine Mutter verbrachte viel Zeit damit, sich intensiv um Verwundete zu kümmern.

Als nach der Schlacht von Sedan am 1. September 1870 die Nachricht von der Kapitulation der französischen Armee MacMahons und der Gefangennahme Napoleons III. durchdrang, brach in ganz Deutschland ein Freudentaumel aus. In München wurde am 3. September ein Festzug mit über 5000 Menschen veranstaltet. Doch der König, dem eigentlich gehuldigt werden sollte, kam nicht, was zu großer Verärgerung führte. Alle Fenster seiner Privaträume in der Residenz waren verhängt. Wie immer treu besorgt um ihren Sohn, sprang die Mutter ein und stellte sich allein an ein Fenster in der Residenz. Ihr wurde zugejubelt, als der Festzug vorbeikam.

Als die deutschen Truppen Versailles erreicht hatten, näherte sich der Augenblick, in dem Bismarck, der »Eiserne Kanzler«, fast an seinem Ziel war, das Deutsche Reich Wirklichkeit werden zu lassen. Die entscheidenden Verhandlungen über die Einigung Deutschlands begannen am 20. Oktober in Versailles. Bayern war vertreten durch den Staatsminister Graf Bray, den Justizminister Freiherr von Lutz und den

37 Die Königinmutter Marie bei einem Besuch verwundeter Soldaten in einem Lazarett 1866. Drei Jahre später, 1869, gründete sie mit ihrem Sohn Ludwig den bayerischen Frauenverein vom Roten Kreuz. Stich

38 Der so genannte »Kaiserbrief« ▶

Kriegsminister Freiherr von Pranckh. Da sich der bayerische König geweigert hatte sein Land zu verlassen, vertrat ihn sein Bruder Otto; auch Prinz Luitpold war zugegen, der spätere Prinzregent.

Prinz Otto war kurze Zeit bei den Truppen in Frankreich gewesen, hatte aber so wenig Widerstandskraft gegen die Kriegsstrapazen gezeigt, dass er nach Bayern zurückberufen wurde. Es zeigten sich bei dem Prinzen auch schon Anzeichen einer Geistesstörung, denn er wirkte elend, als litte er an hohem Fieber, und sein preußischer Vetter war völlig verunsichert, ob Otto den Ausführungen über Militär und Diplomatie überhaupt folgen konnte. Otto kehrte daher zu seinem Bruder zurück, der – nicht zum ersten Mal – die Möglichkeit einer Abdankung zugunsten Ottos erwogen hatte. Doch als er seinen Bruder sah, musste er erkennen, dass dieser in einer schlimmen geistigen Verfassung war. Nur einige Tage nach Otto traf Oberststallmeister Maximilian Graf Holnstein aus Versailles in Hohenschwangau ein. Er hatte ein von Bismarck aufgesetztes Schreiben bei sich, in dem König Ludwig II. von Bayern seinen preußischen Vetter Wilhelm I. ersuchen sollte die deutsche Kaiserwürde anzunehmen. Der König lag mit Zahnschmerzen zu Bett, die er mit Morphium bekämpfte, und wollte Holnstein nicht empfangen. Endlich wurde er ins Tassozimmer, das Schlafzimmer des Königs, gebeten, wo er den Brief Bismarcks unter Ludwigs Anleitung kopierte und mit einigen Änderungen versah:

»Allerdurchlauchtigster Großmächtiger Fürst! Freundlich lieber Bruder und Vetter! Nach dem Beitritte Süddeutschlands zum deutschen Verfassungsbündnis werden die

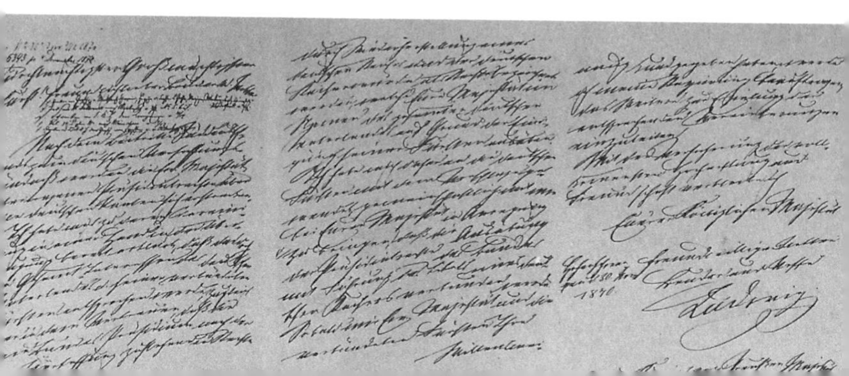

Ew. Majestät übertragenen Präsidialrechte über alle deutschen Staaten sich erstrecken ... Ich habe mich daher an die deutschen Fürsten mit Vorschlägen gewendet, gemeinschaftlich mit mir bei Ew. Majestät in Anregung zu bringen, dass die Ausübung der Präsidialrechte des Bundes mit Führung des Titels eines deutschen Kaisers verbunden werde. Sobald mir E. M. und die verbündeten Fürsten Ihre Willensmeinung kundgegeben haben, würde ich meine Regierung beauftragen, das Weitere zur Erzielung der entsprechenden Vereinbarungen einzuleiten.

Mit der Versicherung der vollkommensten Hochachtung und Freundschaft verbleibe ich
Eurer Königlichen Majestät
Freundwilliger Vetter, Bruder und Neffe

Ludwig.

Hohenschwangau, d. 30. Nov. 1870.«

Graf Holnstein eilte mit dem kostbaren Dokument nach Versailles und ließ es Bismarck durch Prinz Luitpold aushändigen. Am 18. Januar 1871 wurde König Wilhelm I. von Preußen in der Spiegelgalerie von Schloss Versailles zum deutschen Kaiser ausgerufen – ohne König Ludwig, obwohl der preußische Gesandte in München am 17. November Bismarck telegrafisch vorgeschlagen hatte dem bayerischen König 6 Millionen Gulden zur Deckung seiner privaten Bauschulden zu überweisen, um ihn zur Reise nach Versailles und zur Kaiserproklamation zu bewegen.

Otto, der sich Bismarcks Politik von Anfang an widersetzt hatte, war bei der Krönung zugegen und beschrieb sie seinem Bruder in einem Brief: »Ach Ludwig, ich kann Dir gar nicht beschreiben, wie unendlich weh und schmerzlich es mir während jener Zeremonie zumute war, wie sich jede Fiber in mei-

39 ›Einzug der bayerischen Truppen in München‹. Gemälde von L. K. Behringer, 1887 ▶

nem Innern sträubte und empörte gegen all das, was ich mit ansah. Alles so kalt, so stolz, so glänzend, so prunkend und großtuerisch und herzlos und leer. Mir war's so eng und schal in diesem Saale, erst draußen in der Luft atmete ich wieder auf.« Ludwig hatte gegenüber Otto schon im November 1870 seine Entscheidung für den »Kaiserbrief« begründet: »Könnte Bayern allein, frei vom Bunde stehen, dann wäre es gleichgültig, da dies aber geradezu eine politische Unmöglichkeit wäre, da Volk und Armee sich dagegen stemmen würden und die Krone mithin allen Halt im Land verlöre, so ist es, so schauderhaft und entsetzlich es immerhin bleibt, ein Akt von politischer Klugheit, ja von Notwendigkeit im Interesse der Krone und des Landes, wenn der König von Bayern jenes Anerbieten stellt.«

Ludwig II. wusste sehr genau, was die Eingliederung Bayerns in einen deutschen Nationalstaat unter preußischer Führung für die Selbstständigkeit seines Landes bedeutete. Durch zähe Verhandlungen war es seinen Unterhändlern immerhin gelungen, eine Reihe von Reservat- und Sonderrechten durchzusetzen: Dazu zählten das Recht, eigene Auslandsgesandtschaften zu unterhalten, auf eigene Militärhoheit im Frieden, das Heimat- und Niederlassungsrecht sowie die eigene Verwaltung von Eisenbahn-, Post- und Telegrafiewesen, die Im-

mobilienversicherung, die Branntwein- und Biersteuer sowie das Verehelichungsrecht. Später sagte Ludwig mit Blick auf die Reichsgründung: »Ich habe seit dem Abschluß jener unseligen Verträge selten frohe Stunden, bin traurig und verstimmt.«

Am 10. Mai 1871 wurde in Frankfurt mit Frankreich Friede geschlossen und am 16. Juli zogen die siegreichen bayerischen Truppen in München ein. Eine Woche zuvor hatte Ludwig seinem Bruder geschrieben: »Denke nur, Otto, aus politischen Gründen, gedrängt von allen Seiten, habe ich mich veranlasst sehen müssen, zum Truppeneinzug den Kronprinzen einzuladen, was mich geradezu zur Verzweiflung bringt; ach, es ist wirklich ein Wunder, dass seit dem vorigen Jahre (Feldzug, Abschluss der Verträge etc.) mir das Regieren und die Leute verhasst wurden, und doch ist die königliche Stellung und das Herrscheramt das Schönste, Erhabenste auf Erden. Wehe mir, dass ich in eine solche Zeit hineingeschneit wurde, in der mir alles vergällt wird.«

So ritt am 16. Juli Ludwig II. mit seinem wenig geliebten Vetter zum Exerzierplatz bei Nymphenburg, wo der Kronprinz die Parade abnahm und im Namen des Kaisers besonders Verdienten das Eiserne Kreuz verlieh. Es folgte der Siegesmarsch des Heeres mit dem Kronprinzen an der Spitze, vorbei an der jubelnden Menschenmenge durch die Ludwigsstraße zum Odeonplatz, wo Ludwig, der allein in die Stadt zurückgekehrt war, mit seiner Mutter und anderen Mitgliedern der königlichen Familie wartete. Am Abend gab es eine

Ludwig und Friedrich Wilhelm! Siegreich Paar,
Jung Deutschlands Hoffnung! Heil Euch immerdar!
Wenn Gott der Herr, um für ein Volk zu zeugen,
So ungeheurer That Vollendung schafft,
Dass sich Jahrhunderte in Reife beugen;
Vor einem Hauche seiner Schöpferkraft;
Dann blickt der Mensch in ehrfurchtbangem Schweigen
Empor zu jener höchsten Weltenmacht:
Ob das ersehnte Glück sein wahrhaft Eigen,
Ob es ein Traum, der ihm entgegenlacht?
Vollbracht sieht er durch des Geschickes Walten,
Was kommenden Geschlechtern vorbehalten.

So grüßen wir die weihevollen Stunden,
Die heut auf's Neu', in fürstlich hohem Sinn

Galavorstellung im Königlichen Hof- und Nationaltheater mit dem Festspiel ›Der Friede‹ von Paul Heyse. Den Festprolog zu Ehren der aus dem Felde zurückgekehrten bayerischen Truppen hatte der königlich-bayerische Hofschauspieler Ernst von Possart verfasst und vorgetragen.

Tags darauf fand auf der blühenden Roseninsel im Starnberger See ein Familienessen statt, das aber mit einer Verstimmung zwischen den Vettern endete. Ludwig trug dem Kronprinzen das Kommando über ein bayerisches Ulanenregiment an, das dieser aber erst nach Rücksprache mit dem Kaiser annehmen wollte. Außerdem zweifele er, ob er bei seiner Leibesfülle in den schlanken Ulanenrock passe. Das genügte, um Ludwig zutiefst zu beleidigen, so sehr, dass er sich weigerte am Abend in München am großen Militärbankett im Glaspalast, zu dem 900 Personen geladen waren, teilzunehmen, was wiederum bei vielen Familienmitgliedern und Gästen große Verärgerung auslöste.

Wie wirkte sich die Reichsgründung 1871 unter preußischer Vorherrschaft nun auf das Verhältnis des bayerischen Königs zu seiner aus Preußen stammenden Mutter aus? Es kam zu großen Schwierigkeiten. Dies geht aus einem Brief des Königs an die Hofdame Freifrau Therese von Gasser vom 26. März 1871 hervor. Ludwig fand sich nur schwer darein, dass er im bayerischen Interesse solche Opfer bringen musste. »Mit meiner Mutter, welche ganz preußisch-deutsch gesinnt ist, zu sprechen, ist, wie Sie sich denken können, verletzend für mich, wir harmonieren weniger denn je.« Seine Abneigung gegen Preußen bekam durchaus auch seine Mutter zu spüren, von der er nun als der »preußischen Prinzessin« sprach, die er nicht zu sehen wünsche.

Ludwig II., der zum Inbegriff eines bayerischen Königs werden sollte, war allerdings selbst ein »halber Preuße«. Als sich

---

Des deutschen Reiches Liebling verbunden,
Als dieses Festes herrlichsten Gewinn.
Ja, Ihr seid unser! Und vertrauend legen
Wir unser junges Glück in Eure Hand!
Heil Eurem Freundesbund! Mit heißem Segen
Krönt ihn das neu vereinte Vaterland!

Ernst von Possart, »Festprolog anläßlich der Siegesfeier am 16. Juli 1871«

40 Ludwig II. von Bayern. Gemälde von August Spieß

der deutsche Kaiser im August 1871 auf seinem Weg zur Kur nach Bad Gastein zu einem Besuch in Bayern ansagte, ließ sich sein Neffe lediglich herbei ihn in Schwandorf zu begrüßen und fuhr dann mit ihm unter dem Jubel des Volkes durch das festlich geschmückte Regensburg, in dessen alter Kaiserherberge Zum Goldenen Kreuz das Mahl eingenommen wurde. Spät abends kehrte Ludwig nach Schloss Berg zurück. Auf der Rückreise ließ er den Preußen von seinem Onkel Prinz Luitpold in Rosenheim abholen und nach München geleiten. Und dann wagte es die Königinmutter, ohne ihren Sohn informiert zu haben, ihren preußischen Vetter nach Hohenschwangau einzuladen! Wie nicht anders zu erwarten, verhielt sich Ludwig bei Tisch äußerst gespreizt, mit dem Kaiser wechselte er kaum ein Wort, sondern unterhielt sich mit der Obersthofmeisterin seiner Mutter – über Geisteskranke.

Ludwig machte aus seiner Abneigung gegen den »Heldenkaiser« nie einen Hehl, sondern bezeichnete die preußischen Machthaber mit kaum überbietbarer Verachtung als »jene räuberische Hohenzollern-Bagage, jenes preußische Gesindel«

Ich hatte den Eindruck, dass er mit seinen Gedanken nicht bei der Tafel war und sich nur ab und zu seiner Absicht erinnerte, mit mir eine Unterhaltung zu führen, die aus dem Gebiete der üblichen Hofgespräche nicht hinausging. Gleichwohl glaubte ich in dem, was er sagte, eine begabte Lebhaftigkeit und einen von seiner Zukunft erfüllten Sinn zu erkennen. In den Pausen des Gesprächs blickte er über seine Frau Mutter hinweg an die Decke und leerte ab und zu hastig sein Champagnerglas ..., ich hatte jedoch das Gefühl, dass die Umgebung ihn langweilte und er den von ihr unabhängigen Richtungen seiner Phantasie durch den Champagner zu Hilfe kam. Der Eindruck, den er mir machte, war ein sympathischer, obschon ich mir mit einiger Verdrießlichkeit sagen musste, dass mein Bestreben, ihn als Tischnachbar angenehm zu unterhalten, unfruchtbar blieb. Es war dies das einzige Mal, dass ich den König von Angesicht gesehen

und verurteilte deren blutige Großmachtpolitik als »wahren Frevel«, ja sogar als »geradezu verbrecherisch«.

Die Geldsummen, die aus Preußen in Ludwigs Privatschatulle flossen, waren ihm allerdings angenehm. Seit 1871 erhielt der König diskret aus dem »Geheimen Welfenfonds« jährlich 300 000 Mark überwiesen, im »Notjahr« 1884 sogar 1 Million zur Deckung seiner Bauschulden.

Persönliche Begegnung mit Bismarck

Bismarck und Ludwig sind sich nur ein Mal persönlich begegnet. Am 16. und 17. August 1863 weilte der achtundvierzigjährige Bismarck, damals preußischer Ministerpräsident und Minister des Auswärtigen, in München, wo er zu Tisch nach Schloss Nymphenberg geladen wurde. Bismarck saß neben dem knapp achtzehnjährigen Kronprinzen, die Königin war sein Gegenüber.

Bismarck unter die Augen zu treten wagte Ludwig offenbar nicht. Er halte ihren Mann für »Siegfried«, meinte die Fürstin Bismarck, und fürchte, dass sich dies bei persönlicher Begegnung nicht bewahrheiten könnte. Vielleicht fürchtete er aber im Gegenteil, dass dieser »Siegfried« aus der Nähe noch

41 Otto Fürst Bismarck. Ausschnitt aus dem Gemälde ›Kriegsrat in Versailles‹ von Anton von Werner, 1900

habe, ich bin aber mit ihm, seit er bald nachher (10. März 1864) den Thron bestiegen hatte, bis an sein Lebensende in günstigen Beziehungen und in verhältnismäßig regem brieflichen Verkehre geblieben und habe dabei jederzeit von ihm den Eindruck eines geschäftlich klaren Regenten von nationaldeutscher Gesinnung gehabt, wenn auch mit vorwiegender Sorge für die Erhaltung des föderativen Prinzips der Reichsverfassung und der verfassungsmäßigen Privilegien seines Landes.

Otto von Bismarck in ›Gedanken und Erinnerungen‹ über Ludwig II.

mächtiger auf ihn einwirken könnte, als er es schon aus der Ferne vermochte. Stattdessen korrespondierte Ludwig II. mit Bismarck, dem er bei dessen Kuraufenthalten in Kissingen die königliche Equipage nebst Pferden zur Verfügung stellte. Als dort im Juli 1874 ein Attentat auf Bismarck verübt wurde, dem der Reichskanzler allerdings fast unverletzt entging, verurteilte Ludwig diesen »so verabscheuungswürdigen Mordanschlag, für dessen Misslingen ich Gott immerdar dankbar sein werde«. Der Einladung Ludwigs in die bayerischen Berge kam Bismarck allerdings nicht nach.

Ludwig II. und Richard Wagner – Eine Königsfreundschaft

»O König! Holder Schirmherr meines Lebens!«

Am 23. März 1864 verließ der völlig rat- und mittellose Dichter und Komponist Richard Wagner fluchtartig die Stadt Wien, um in die Schweiz zu reisen. Als er am Karfreitag, dem 25. März, durch München kam, sah er in der Auslage eines Geschäfts das Bild des achtzehnjährigen Königs Ludwig II. Ein solcher Fürst wäre die Rettung für ihn, sinnierte Wagner. Er floh zunächst nach Zürich und ging dann zu Freunden nach Stuttgart, die ihn regelrecht vor seinen Gläubigern verstecken mussten.

Am 3. Mai 1864 geschah dann das »Wunder«. Hofrat Franz Seraph von Pfistermeister, langjähriger königlicher Kabinettssekretär, spürte Richard Wagner in Stuttgart auf und überbrachte die mündliche Botschaft, Ludwig II. habe sich für Wagners Kunst entschieden und wolle ihn »von nun an jeder Unbill des Schicksals« entziehen. Wagner, überglücklich und völlig unerwartet allen Nöten enthoben, schrieb an den König: »Diese Tränen himmlischer Rührung sende ich Ihnen, um Ihnen zu sagen, dass nun die Wunder der Poesie wie eine göttliche Wirklichkeit in mein armes, liebebedürftiges Leben getreten sind! – Und dieses Leben, sein letztes Dichten und Tönen gehört nun Ihnen, mein gnadenreicher junger König: verfügen Sie darüber als über Ihr Eigentum!«

Ausdruck tiefer Dankbarkeit für Ludwig war auch sein Kommentar zum Geburtsjahr des Königs: »In dem Jahr der ersten Aufführung meines Tannhäusers …, in dem Monat August, in welchem ich mich zu so übermäßiger Produktivität gestimmt

---

Richard Wagner war damals in einem so desolaten Zustand, dass er sich Gedanken über sein wenig rühmliches Ende machte und seine Grabinschrift entwarf:
»Hier liegt Wagner, der nichts geworden,
nicht einmal Ritter vom lumpigsten Orden;
nicht einen Hund hinter'm Ofen entlockt er,
Universitäten nicht 'mal 'nen Dokter. –«

›Epitaphium‹ – München, 25. März 1864

fühlte, dass ich den Lohengrin und die Meistersinger zu gleicher Zeit entwarf, gebar eine Mutter mir meinen Schutzengel.«

Als Wagner dem hochgewachsenen Monarchen am späten Nachmittag des 4. Mai in der Münchener Residenz zum ersten Mal gegenüberstand, war er von dessen Äußerem tief beeindruckt. An Eliza Wille, eine enge Vertraute auf Gut Mariafeld bei Zürich, schrieb er noch am gleichen Tag: »Er ist leider so schön und geistvoll, seelenvoll und herrlich, daß ich fürchte, sein Leben müsse wie ein flüchtiger Göttertraum in dieser gemeinen Welt zerrinnen ... Mein Glück ist so groß, daß ich ganz zerschmettert davon bin.«

Ludwig hatte ganz konkrete Wünsche an den Komponisten: Er solle sein Nibelungenwerk vollenden; für die Aufführungen und alle damit verbundenen Kosten werde er aufkommen. Was konnte Wagner sich mehr wünschen. Ludwig seinerseits beschrieb seiner Cousine Herzogin Sophie in Bayern seine Gefühle bei dieser ersten Begegnung mit Wagner: »Ich hatte die Empfindung, als hätten wir die Rollen getauscht.« Er habe sich, berichtete er, zu Wagner niedergebeugt – er war ein beträchtliches Stück größer als der Komponist – und habe ihn an sein Herz gezogen, wobei er sich selbst den Eid ewiger Treue abnahm.

42 Richard Wagner. Gemälde von Franz von Lenbach (Ausschnitt), 1870. Wilhelm Richard Wagner, geboren am 22. Mai 1813 in Leipzig, wuchs in Dresden auf, wo er unter dem Namen seines Stiefvaters Geyer ab 1822 die Kreuzschule besuchte. Seinen ersten Kompositionsunterricht erhielt er bei dem Gewandhausgeiger Christian Gottlieb Müller, Kontrapunkt studierte er beim Thomaskantor Theodor Weinlig. 1833 erhielt er eine Stelle als Korrepetitor in Würzburg, wo er sich 1836 mit der Schauspielerin Minna Planer verlobte. In den Jahren 1837–1839 hatte er zwar eine Kapellmeisterstelle an der Oper in Riga inne, verschuldete

Ludwig II. mietete in Kempfenhausen am Starnberger See ganz in der Nähe von Schloss Berg ein Landhaus für Richard Wagner. Da dieser sich dort einsam fühlte, kam am 29. Juni 1864 Cosima von Bülow, die Tochter Franz Liszts und Frau des Dirigenten Hans von Bülow, mit ihren Töchtern, der dreieinhalbjährigen Daniela und der 15 Monate alten Blandine, ebenfalls hierher; in der folgenden Woche begann eine Affäre zwischen Cosima von Bülow und Richard Wagner, von der lange Zeit weder ihr Mann noch Ludwig etwas erfuhren. Am 7. Juli kam Hans von Bülow, der durch Wagners Fürsprache zum Vorspieler des Königs avanciert war, nach München und bezog mit seiner Familie ein Haus in der Luitpoldstraße. Wagner richtete sich am 15. Oktober 1864 in einem Haus in der Brienner Straße 21 ein, das der König für ihn gemietet hatte. Cosima erhielt darin ein eigenes Arbeitszimmer, um Wagners Korrespondenz zu erledigen.

Ludwig hatte schon früh sein Interesse an Wagners Kunst entdeckt. Mit zwölf Jahren lernte er zufällig dessen Abhandlungen ›Das Kunstwerk der Zukunft‹ und ›Die Zukunftsmusik‹ in der Bibliothek seines Großonkels Herzog Max in Bayern kennen. Es war für ihn gewiss eine schwierige Lektüre, in die er sich vertiefte, eine »hymnisch sich aufgipfelnde Philosophen-Prosa«, die er sicher noch nicht verstand, die ihn aber dennoch begeisterte.

Maximilian II. Joseph – gleichaltrig mit Richard Wagner – untersagte seinem Sohn allerdings den Besuch der Erstaufführung der Oper ›Lohengrin‹ am 28. Februar 1858, da er der Meinung war, es sei zunächst viel wichtiger, dass der Kronprinz das christliche Herrscherethos des Königtums von Gottes Gnaden verinnerliche. Dies zu erreichen war die Aufgabe von Ludwigs Lehrer, dem Gymnasialprofessor Franz Steininger, der ihm anhand von Schillers Werken die gewünschten Tu-

sich aber so hoch, dass er mit Minna Planer, inzwischen seine Frau, über London nach Paris fliehen musste. Dort lernte er Heinrich Heine, Franz Liszt und Hector Berlioz kennen und befasste sich mit Beethovens Musik. 1843 kehrte er nach Sachsen zurück und wirkte als Kapellmeister in Dresden. Aufgrund seiner Verwicklung in die 1848-er Revolution und seiner Teilnahme am Dresdener Maiaufstand 1849 wurde er steckbrieflich gesucht und floh in die Schweiz. Nach seiner Amnestierung 1862 siedelte er nach Wien über, wo er sich im selben Jahr von seiner Frau trennte. 1864 floh er erneut vor seinen Gläubigern: nach Stuttgart.

gendideale vermittelte – denen sich Ludwig II. ein Leben lang verpflichtet fühlte. Die Behandlung bestimmter Werke Richard Wagners passten dann ebenfalls in das Erziehungskonzept, da auch sie christliche Tugendideale verherrlichten, etwa die Tugend der aufopfernden Liebe, verkörpert in Elisabeth von Thüringen in der Tannhäuserdichtung.

Theodor Graf de La Rosée, ein weiterer Erzieher des Kronprinzen, schenkte diesem im August 1859 Wagners Schrift ›Oper und Drama‹, die Ludwigs Begeisterung für Wagner weiter schürte. Endlich, am 2. Februar 1861, ging sein großer Wunsch in Erfüllung: An der Seite seiner geliebten Erzieherin Sybille von Meilhaus durfte er die Wiederaufführung des ›Lohengrin‹ im Hoftheater in München unter der Leitung von Franz Lachner miterleben. Neun Jahre später gestand der König dem Komponisten: »So schlecht sie war, so verstand ich doch das Wesen dieses göttlichen Werkes zu erkennen: in seiner Aufführung ward der Keim gelegt zu Unsrer Liebe und Freundschaft bis zum Tod, von dort ward der bald zur mächtigen Flamme werdende Funke für Unsre heiligen Ideale in mir entzündet.« Nach der Aufführung vergoss der Kronprinz darüber »Tränen höchsten Entzückens« und lernte Teile des Librettos und zahlreiche Stellen aus anderen Werken Wagners auswendig.

Im Tagebuch des achtzehnjährigen Kronprinzen steht im

43 Kronprinz Ludwig im Jahr seines ersten Opernbesuchs 1861. Fotografie von Hermann Holz

Juni und August 1863 zu lesen, dass er von seinem Lehrer Steininger den ›Ring des Nibelungen‹ sowie ›Die Meistersinger von Nürnberg‹ erhalten habe. Aufschlussreich sind die Tagebucheinträge vom 1. und 3. Januar 1864: »Nach Tisch Konzept, Brief an Richard Wagner … Tags vorher mit Prof. Steininger über die Besorgung meines Briefes an R. Wagner gesprochen.« Der sechzehnjährige Kronprinz hatte seine Begeisterung für den Dichter und Komponisten bereits in einem Brief vom 26. Mai 1862 zum Ausdruck gebracht, also ein Jahr, nachdem er zum ersten Mal die Aufführung des ›Lohengrin‹ besucht hatte. Ludwigs Vetter, Prinz Heinrich von Hessen und bei Rhein, fragte ihn in einem Brief, wie er zu Wagners Musik stehe; seine Antwort: »Du fragst, ob ich Wagners Musik liebe, ich liebe sie sehr, ob ich mich auf den Bällen amüsiere, sehr gut …!« Der einundzwanzigjährige König kam am 30. März 1867 nochmals auf seine frühe Liebe zum Werk Richard Wagners zu sprechen, als er diesem schrieb: »Als ich noch im Knabenalter stand, ward mir durch Himmelsgewalt der erste Keim zur heiligen Begeisterung für Sie in meine Seele gelegt, zum Erglühen für Ihre Werke.«

Für den 19. Geburtstag des Königs bereitete der Komponist eine besondere Überraschung vor. Er plante auf Schloss Hohenschwangau eine »Morgenmusik« mit Ausschnitten aus ›Lohengrin‹ und ›Tannhäuser‹ und wollte vor allem seinen für diesen Tag komponierten großen Huldigungsmarsch zu Gehör bringen. Am Vorabend des 25. August 1864 begab er sich bei abscheulichem Wetter zusammen mit dem Münchener Generalmusikmeister und eifrigen Komponisten Peter Streck sowie 80 Militärmusikern nach Füssen, wo sie am Geburtstagsmorgen ein Originalwerk Wagners aus der Taufe heben sollten. Doch eine angebliche Unpässlichkeit der in Hohenschwangau anwesenden Königinmutter Marie vereitelte diesen so schön

---

In seinen zahlreichen theoretisch-philosophischen **Schriften zur Musik** äußerte sich Wagner zu fast allen Fragen, die in Zusammenhang mit der Dramatisierung von Musik stehen. In der Schweiz entstanden 1849 die ›Die Kunst und die Revolution‹ und ›Das Kunstwerk der Zukunft‹ sowie 1851 ›Oper und Drama‹, in denen er seine Vorstellungen ausarbeitete. Musik und Dichtung könnten nicht als Absolutes allein bestehen, sondern erreichten erst in der Kombination als »Gesamtkunstwerk« höchste Vollendung. Die Dichtung sei dabei das »zeugende«, die Musik das »gebärende« Prinzip.

ausgedachten Plan. So gelangte Wagners weihevoller Huldigungsmarsch erst einige Monate später, am 5. Oktober 1864, einem kalten, ungemütlichen Herbsttag, in einem Hof der Münchener Residenz unter den Gemächern des Königs zur Uraufführung. Eine weitere Aufführung fand im Residenztheater bei einem von Wagner persönlich für den König dirigierten Konzert des Hoforchesters bei festlich erleuchtetem Haus statt, zu dem nur etwa 40 spezielle Wagnerfreunde erscheinen durften.

Ludwig II. träumte davon, in München ein Wagner-Festspielhaus zu errichten. Mit der Planung betraute er einen der berühmtesten Baumeister und Architekten der Zeit, Gottfried Semper. Der Bau sollte am rechten Isar-Hochufer, südlich des heutigen Friedensengel-Denkmals, errichtet und durch eine Prachtstraße in gerader Linie mit der Brienner Straße verbunden werden. Wagner, der das Projekt selbst wiederholt hinausgezögert hatte, verlor bald jedes Interesse daran und Ludwig, dessen bayerisches Kabinett sich sehr reserviert zu dem Projekt verhielt, ließ das Unternehmen schließlich mit großem Bedauern fallen.

Vom 11. bis 18. November 1865 weilte Wagner auf Einladung Ludwigs auf Schloss Hohenschwangau. »O wir haben uns viel zu sagen«, heißt es in einem am 2. November geschriebenen Brief des Königs.

Am Sonntag, dem 12. November, ließ Wagner durch zehn Oboisten einer Regimentskapelle von den Türmen des Schlosses den Morgengruß aus ›Lohengrin‹ erschallen. In diesen »Wundertagen« lebte Wagner bei dem »liebenswerthesten und liebevollsten Jüngling, den sich wohl die Welt vorstellen kann«.

Doch schon nach der großartigen Aufführung von ›Tristan und Isolde‹ spitzten sich die politischen Kontroversen um Wag-

---

Zwei Tage vor der Uraufführung von ›Tristan und Isolde‹ ging in München die Parodie ›Triftanderl und Süßholde‹ im Isar-Vorstadt-Theater über die Bühne. »Dramatische Verslein mit Worten ohne Melodie, gegenwärtige Parodie von einer Zukunfts-Oper in 3 Aufzügen, wo drüber viel losgezogen wird, und einem Vorspiel des Vorspielers, von Richard, Wagnermeister und Stückschreiber, sowie musikalischen Dramatisirer.« Die Titelfigur Triftanderl ist ein Floßknecht (von »triften« = flößen) von Ammerland, Süßholde dagegen eine reiche Bäckerstochter aus Wolfratshausen.

ner in München zu. Ludwig hatte einige politische Anregungen Wagners an das Kabinett weitergegeben, was sich als höchst unklug erwies: Der Komponist wurde ohnehin mit großem Misstrauen betrachtet, da er wie kaum ein anderer Zugang zum König hatte. Als Wagner im Laufe der sich verschärfenden Auseinandersetzungen zwischen Ludwig und seinem Kabinett auch noch die Ablösung der führenden Politiker Pfistermeister und von der Pfordten verlangte, kam es zum Eklat. Die Regierung stellte dem König ein Ultimatum: Er habe zu »wählen zwischen der Liebe und Verehrung Ihres treuen Volkes und der Freundschaft Richard Wagners«.

Ludwig gab nach. Am 6. Dezember sandte er den Oberappellationsgerichtsrat Lutz, einen Mitarbeiter Pfistermeisters, zu Wagner und ließ ihn bitten München für einige Monate zu verlassen. Wagners Ärger richtete sich gegen Pfistermeister, den er als den »scheußlichsten Intriganten« bezeichnete. Jenen

44 Entwurf von Gottfried Semper für das nicht zustande gekommene Wagner-Festspielhaus an der Isar

denkwürdigen Abend verbrachte Ludwig II. im Theater. Doch am nächsten Tag schrieb er wortreich und völlig niedergeschlagen an Wagner, um ihm zu erklären, dass er vom gesamten Ministerrat unter Druck gesetzt worden sei, der sogar mit Rücktritt gedroht habe.

Am frühen Morgen des 10. Dezember verließ Wagner München. Seine Gegner triumphierten; der Münchener Magistrat erwog sogar einen Freuden-Fackelzug. In einem Brief an Cosima klagte Ludwig: »Lange halte ich es nicht aus, von Ihm getrennt zu leben … ich leide fürchterlich!« Wagners Exil wurde eine Villa auf der idyllisch gelegenen Halbinsel Tribschen bei Luzern. Die Kosten für den Aufenthalt übernahm Ludwig II.

Der königlichen Familie war Richard Wagner »politisch verdächtig ob seiner vermuteten Widersprüchlichkeit, in der theoretische und praktische Revolutionsbegeisterung offenbar bruchlos zusammenkam mit der Freundschaft zum Bayernkönig«. Die Furcht vor Wagners Einfluss auf den König in politischen Angelegenheiten war allerdings von Anfang an reichlich übertrieben.

Nach seiner Ausweisung aus München im Dezember 1865 ließ Wagner es sich nicht nehmen, seinen Gefühlen über die Verleumdungskampagne gegen ihn Ausdruck zu verleihen. Er denke an München, »wo man doch immer wahrscheinlich glaubt, mit meinem Abschiede sei es mir nicht ernst, und ich treibe doch wohl nur ein verstecktes Spiel, um Gott weiß was damit zu

45 Zeitgenössische Karikatur zum in Volk, Parlament und Kabinett befürchteten, allzu massiven Einfluss Wagners auf Ludwig II.

erreichen, etwa wohl gar die Regierung Bayerns, wo ich dann den Staat und die Religion abschaffen würde, um das alles nur noch von einem großen Operntheater aus zu dirigieren.«

Am 28. Januar 1866 klagte Ludwig in einem Brief an Wagner: »Mein einziger Freund! Wonne des Lebens! Höchstes Gut! Alles! – Heiland, der mich beseligt! ... O hätte ich die Zungen von Millionen, Sie zu überreden! – Soll es denn nie geschehen, daß die großen Geister glücklich und zufrieden leben können, von ihren Mitmenschen bewundert und sie begeisternd? ... Das ist des Schicksals Wille! – Die ›Welt‹ wird an dem Beispiele, das Wir ihr geben wollen, zu schanden, ewig dann währt Unser seliges Frohlocken. – O schreiben Sie mir recht bald, heiliger Freund! Blühend für den einzigen Freund bis zum letzten Athemzuge, dem Geliebten treu bis in den Tod.«

Aufführungen von Wagner-Werken in München

Als besonders herausragender Beitrag zur Musikgeschichte gilt die durch Ludwig II. ermöglichte Uraufführung von Wagners Oper ›Tristan und Isolde‹, die in Wien als unaufführbar abgelehnt worden war. Am 10. Juni 1865 dirigierte Hans von Bülow die Uraufführung an der Hofoper in Anwesenheit des überglücklichen Königs.

Zu schweren Misshelligkeiten zwischen Wagner und dem König war es allerdings bei der Neuinszenierung des ›Lohengrin‹ im Jahr 1867 gekommen. Der König, für den der geheimnisvolle Schwanenritter die ideale und schwärmerisch geliebte Identifikationsfigur war, wollte sich eine Inszenierung nach seinen eigenen stilistischen Vorlieben erfüllen. Wagner versagte sich aber diesem Wunsch des Monarchen und bestand auf Änderungen dieser »Marionettenaufführung«, ohne sich

Die Stimmung im Volke zur Königsfreundschaft schilderte Josephine Kaulbach in einem Brief:
»Ich sage Ihnen, es ist toll, wie das hier getrieben wird, für und gegen Wagner. – Die Fama wächst zu einem hundertköpfigen Ungeheuer, der Wagner-Cultus wird zu einem Ekel; der junge König tauft jetzt alles, was ihn umgibt, in Tristan und Isolde um, täglich erhält Wagner Liebesergüsse in Versen und in Prosa von dem schwärmerischen jungen König.«

jedoch durchsetzen zu können. Die Generalprobe am 11. Juni 1867 brachte eine erneute Verstimmung mit sich. Die Titelrolle sollte Josef Tichatscheck singen. Nach der Probe umarmte Wagner begeistert seinen »alten Kampfgenossen«. Der König aber hatte durch sein Opernglas nur einen greisen Lohengrin müde auf eine in der Mitte des Kahns angebrachte Stange gestützt gesehen und war empört. Ohne ein Wort mit Wagner, der in der Nachbarloge saß, zu wechseln, fuhr Ludwig nach Berg zurück und gab die Anweisung, der sechzigjährige Sänger, dieser »Ritter von der traurigen Gestalt«, könne im nächsten Jahr zur Fußwaschung kommen, aber auf der Bühne wolle er ihn nie mehr sehen. Wagner war beleidigt und reiste, ohne sich zu verabschieden, nach Tribschen ab.

Unter von Bülows Leitung fand am 21. Juni 1868 die erfolgreiche Uraufführung der ›Meistersinger von Nürnberg‹ im Münchener Hoftheater statt, die zu einer einzigartigen Huldigung für Wagner wurde – ausgerechnet in der Stadt, aus der er zweieinhalb Jahre zuvor vertrieben worden war.

Ludwig II. ließ im dicht besetzten Theater zu Beginn der Vorstellung Wagner zu sich rufen und ihn an seiner Seite Platz nehmen. Er forderte ihn auf die Ovationen nach dem zweiten und dritten Akt von der Königsloge aus allein entgegenzunehmen. Die Hofchargen waren empört über die vermeintliche Anmaßung Wagners. Doch der Verketzerte, Verbannte, war »rehabilitiert in unsagba-

46 Ludwig und Malvina Schnorr von Carolsfeld als Tristan und Isolde bei der Uraufführung in München 1865. Ludwig Schnorr von Carolsfeld, geboren am 2. Juli 1836 in München, war einer der begehrtesten Heldentenöre seiner Zeit und wirkte an mehreren Uraufführungen der Opern Wagners mit. An seiner Seite spielte häufig seine Frau, die Sängerin Malvina Schnorr von Carolsfeld, geborene Garrigues (1825–1904). Auf besonderen Wunsch Richard Wagners sangen sie die Titelrollen bei der Uraufführung seiner Oper ›Tristan und Isolde‹ 1865 in München. Diese Uraufführung erwies sich als immens

rer Weise« – wie die Zeitungen am nächsten Tag schrieben. Ludwig äußerte sich nach der Vorstellung: »Ich habe das Unsterbliche mit Augen gesehen, ja mir ist es, als hätte ich das Allerheiligste des Himmels geschaut.«

Gegen Wagners Willen, aber aufgrund der von Ludwig II. erworbenen Rechte am ›Ring des Nibelungen‹ wurden am 22. September 1869 auch ›Rheingold‹ in München uraufgeführt. Wagner, der sein ›Nibelungen‹-Werk nur als Ganzes hatte aufführen lassen wollen, blieb der Vorstellung demonstrativ fern, da der König diese Pläne durch die frühzeitige Präsentation von ›Rheingold‹ durchkreuzt hatte. Ein Jahr später folgte am 26. Juni 1870 in München auch die ›Walküre‹. Wieder hatte Ludwig die Aufführung erzwungen. Nun fügte sich Wagner aber in sein Schicksal: Da die Existenz der ›Nibelungen‹ Ludwig II. zu verdanken sei, müsse man noch Gott danken, dass ein Wesen wie der König einen so sonderbaren Sparren im Kopf habe und die Dinge – eben die Teile des ›Rings‹ – durchaus sehen und haben wolle. Dem Komponisten war stets bewusst, dass ohne Ludwig weder er noch sein Werk existiert hätten.

Ludwigs Geburtstagsbesuch in Tribschen

Nach Wagners Ausweisung aus München sehnte sich Ludwig verzweifelt nach dem Komponisten, dem er am 21. April 1866 geschrieben hatte: »Ich liebe kein Weib, keine Eltern, keinen Bruder, keine Verwandten, niemanden innig und von Herzen, aber Sie!« Da Wagner es ablehnte, nach München zu kommen, beschloss Ludwig, ihn zu seinem 53. Geburtstag zu überraschen. Trotz des unmittelbar bevorstehenden Deutschen Krieges reiste er inkognito nach Tribschen, wo er zwei Tage lang blieb und in Wagners Villa übernachtete.

teuer, da das – in Wien noch als unaufführbar abgelehnte – Werk in 77 Proben eingeübt wurde. Alle Kosten trug Ludwig II. getreu seinem Versprechen an Wagner. Ludwig Schnorr von Carolsfeld sang auch die Titelpartie bei der Uraufführung von Wagners ›Lohengrin‹. Er starb früh, am 21. Juli 1865, in Dresden.

Nachdem er am Morgen des 22. Mai auf Schloss Berg, um seine Umgebung zu täuschen, einen Vortrag des Kabinettssekretärs Lutz angehört hatte, ritt er, nur von seinem Reitknecht Völkl begleitet, zur Bahnstation Biessenhofen, erreichte dort den Schnellzug nach Lindau, von wo er mit dem Dampfboot nach Romanshorn auf das Schweizer Ufer übersetzte und fuhr dann mit dem Zug weiter nach Luzern. Am Spätnachmittag stand er, mit Umhang und Hut als Walther von Stolzing gekleidet, vor Wagners Villa in Tribschen und ließ sich melden.

Separatvorstellungen für den König

»Ich will selbst schauen,
aber kein Schauobjekt für die Menge sein!«

»Tausende wallen von Fern und Nah zum nationalen Fest«, begeisterte sich Ludwig für ein geplantes Festspieltheater auf den Isarhöhen. Er selbst bevorzugte allerdings Separatvorstellungen, bei denen Gäste unerwünscht waren. Dem Schauspieler und Intendanten Ernst von Possart gegenüber äußerte sich der Monarch: »Ich kann keine Illusion im Theater haben, solange die Leute mich unausgesetzt anstarren und mit ihren Operngläsern jede meiner Mienen verfolgen. Ich will selbst schauen, aber kein Schauobjekt für die Menge sein!« Nach einer Vorstellung der ›Iphigenie‹ durch die Tragödin Clara Ziegler verkündete er sich fortan dem Publikum nicht mehr zu zeigen. Mit der Vorstellung vom 6. Mai 1872 – ›Die Gräfin du Barry‹, ein Lustspiel nach Ancelot von L. Schneider – begann eine Serie von insgesamt 209 teils im Residenztheater, teils im Nationaltheater gegebenen Separatvorstellungen der Jahre 1872 bis 1885, darunter seit 1878 auch 44 Opernaufführungen – neben Wagneropern auch Werke von Verdi, Gluck, Meyerbeer, Auber und anderen.

Allen Mitwirkenden der Vorstellungen war strengstens untersagt über diese zu sprechen. Es gibt nur einen authentischen Bericht von der Tragödin Charlotte Wolter vom Burgtheater in Wien, die am 9. Mai 1885 als Pompadur in ›Narziß‹ in München gastiert hatte: Die Schauspieler versammelten sich nachts um 23.30 Uhr auf der Bühne. Es herrschte absolutes Schweigen. Punkt 0 Uhr ertönte ein Glockenzeichen: Der König trat in die Loge ein und sofort ging der Vorhang auf. In diesem Moment fühlte sich Charlotte Wolter völlig verloren. Wie sollte sie vor diesem leeren und finsteren Saal spielen? »Endlich betrat ich die Szene. Es fehlte mir der zwischen dem Publikum und den Künstlern bestehende elektrische Contakt. Was mich aufrecht erhielt, war der Gedanke, daß der unsichtbare Zuschauer wirklich einen großen künstlerischen Sinn besitzt, und daß, durch alle Phantastereien hindurch, auf dem Grunde seiner Seele wahre Leidenschaft für meine Kunst lebt. Dieser Gedanke schmeichelte mir und beruhigte mich zugleich. Ich wußte, daß der König mich nicht aus den Augen ließ, daß er in seiner Loge saß, in vollständiger Sammlung und Aufmerksamkeit und so tief versunken, daß er selbst den Athem zurückhielt, um nicht seine Anwesenheit zu verrathen, und um sich nicht selbst zu stören. Dies Alles war mir neu und fremd. Man hat über die Neigung des Königs, ausschließlich für seine Person Schauspiele aufführen zu las-

Wagner war auf den Besuch vorbereitet, denn der König hatte unter dem Decknamen Melot – in der Oper ein Freund – seinen »treuen Friedrich«, wie er seinen geliebten jungen Flügeladjutanten Paul von Thurn und Taxis nannte, einige Tage zuvor nach Tribschen entsandt.

47 Tribschen auf einer Landzunge am Vierwaldstätter See. Stich aus dem 19. Jahrhundert

Ludwigs Reise blieb in München nicht lange unbemerkt und rief, da sie in eine Zeit politischer Hochspannung fiel, allgemeine Empörung hervor. Wagner wurde zu Unrecht dafür verantwortlich gemacht und eine Flut von Schmähungen ergoss sich über ihn, Hans von Bülow und die »Brieftaube Madame Hans«, also Cosima von Bülow. Bei der Rückkehr wurde der König von der Münchener Bevölkerung und auch im Landtag eisig empfangen; auf der Straße wurden ihm sogar Schimpfworte nachgerufen.

Bayreuth

Am 22. Mai 1872 – Wagners Geburtstag – wurde in Bayreuth die Grundsteinlegung des Festspielhauses gefeiert, da Wagner sich weigerte, nach München zurückzukehren. Die ausschließlich aus privaten Mitteln stammenden Gelder für den Bau wurden immer weniger, so dass die Fertigstellung des Theaters gefährdet war. Wieder einmal musste Wagner sich mit der Bitte an den König wenden, er möge zugunsten des Bayreuther Projekts eine Garantie übernehmen. Nach einigem

sen, viel gespöttelt, aber ich muß gestehen, daß ich sie vollkommen begreife. Der König hält in dieser Weise alles fern, was den Künstler und Zuhörer stören kann.« Gegen 4 Uhr morgens, nachdem der letzte Vorhang gefallen war, befahl man den Künstlern bewegungslos auf der Bühne zu bleiben, damit der König nicht gestört werde. Er pflegte nämlich noch einige Zeit in der Loge zu sitzen und über das Gesehene nachzusinnen, »wie Jemand, den es Mühe kostet, wieder in die Wirklichkeit zurückzukehren«.

Zögern, zumal seine »Casse auf keineswegs brillantem Fuß« stand, sagte der König seine Hilfe zu. Er rettete damit das Unternehmen.

Ihr privates Wohnhaus in Bayreuth bezog die Familie Wagner am 28. April 1874. Es trägt die Inschrift: »Hier wo mein Wähnen Frieden fand – Wahnfried – sei dieses Haus benannt.« Vor der Villa befindet sich die großartige Büste Ludwigs II. von Kaspar von Zumbusch. Zum Kauf des Grundstücks und für den Bau der Villa hatte der König 25 000 Taler beigesteuert.

Im Sommer 1876 fanden die ersten Festspiele mit drei Aufführungen des kompletten ›Ring des Nibelungen‹ statt. König Ludwig wohnte sämtlichen vier Generalproben bei. In Begleitung des Oberststallmeisters Graf von Holnstein und eines Flügeladjutanten kam er in der Nacht vom 5. auf den 6. August in strengstem Inkognito nach Bayreuth. Er ließ den Hofzug nachts um 1 Uhr in der Nähe des berühmten Rollwenzel-Hauses auf offener Strecke anhalten und fuhr in Begleitung Richard Wagners, der ihn dort erwartet hatte, mit einer Equipage zu dem etwa eine Stunde von der Stadt entfernten Schloss Eremitage. Bayreuth war in der Festspielzeit fast taghell erleuchtet und während der Tage des königlichen Aufenthalts erschollen begeisterte Hochrufe aus der Menge, wo immer der König sich sehen ließ. In jenem Sommer kamen etwa 8000 Besucher in die Stadt, davon 2000 aus dem Ausland.

Zum dritten ›Ring‹-Zyklus vom 27. bis 30. August reiste der König erneut nach Bayreuth. Er wollte noch eine vierte Wiederholung erzwingen, doch Wagner lehnte entschieden ab.

Nach der ›Walküre‹ ging der König im Park der Eremitage mit Wagner, Stadtvätern und Dienern umher und sang laut Motive aus dem ›Ring‹. Vor der Aufführung des ›Siegfried‹ brachte Bankier Friedrich Feustel, Mitglied des Verwaltungsrats – obwohl sich Ludwig Ovationen verbeten hatte – einen

48 Das Bayreuther Festspielhaus. ▶
Aquarell von 1876

Hochruf auf den König aus. Am Schluss der ›Götterdämmerung‹ erhob er sich in der Loge, um lange zu applaudieren. Dann feierte Wagner in einer kurzen Ansprache den König als »Mitschöpfer« seines Werkes. Bei der nächtlichen Abfahrt ließ es sich die Bürgerschaft Bayreuths nicht nehmen, am Weg bis zum Hofzug ein Spalier mit brennenden Fackeln und Lampions zu bilden, und als der König den Zug bestieg, spielte eine Musikkapelle die bayerische Nationalhymne.

Trotz allen Einsatzes endeten die ersten Festspiele jedoch mit einem finanziellen Fiasko. Ludwig, aufgrund seiner Bautätigkeit selbst hoch verschuldet, sah sich »außer Stande ..., nochmals pecuniäre Opfer zu bringen«. Erst eineinhalb Jahre später, im März 1878, war Ludwig wieder bereit den Wagners finanziell unter die Arme zu greifen. Auf Vorschlag des Bankiers Friedrich Feustel wandte sich Cosima mit der Bitte an den König, Wagner für die Münchener Aufführungen seiner Werke Tantiemen zu gewähren. Auf dieser Basis gab Ludwig ein verzinsliches Darlehen von 100 000 Mark, das bis 1906 – wie das erste Darlehen von 1874 in Höhe von 216 152 Mark – von der Familie vollständig zurückgezahlt wurde.

Zur Festspielzeit 1881 stellte Ludwig für die ›Parsifal‹-Aufführung in Bayreuth das Münchener Hoftheaterorchester und

damit auch dessen Dirigenten Hermann Levi zur Verfügung. Nur gab es im Leben Hermann Levis nach Wagners Anschauung einen »dunklen« Punkt: Er war Jude und Wagner versuchte ihn zur Taufe zu überreden. Den Dirigenten erstaunte dieses Ansinnen sehr. Man gab daher Wagner nunmehr unmissverständlich zu verstehen, dass er das Münchener Orchester nicht ohne dessen offiziellen musikalischen Leiter haben könne. So entschloss sich Wagner schließlich für Levi, und als er dies dem König in wohlklingenden Worten verkündete, antwortete jener ihm: »Hoffentlich werden die Münchener Kräfte, deren Mitwirkung Sie wünschen, ihrem Rufe Ehre machen! Daß Sie, geliebter Freund, keinen Unterschied zwischen Christen und Juden bei der Aufführung Ihres großen, heiligen Werkes machen, ist sehr gut; nichts ist widerlicher, unerquicklicher, als solche Streitigkeiten; die Menschen sind ja im Grund doch alle Brüder, trotz der confessionellen Unterschiede. 11. Oktober.«

Wagners letztes Werk, das Bühnenweihefestspiel ›Parsifal‹, zu dem der König eine besonders enge Beziehung hatte, wurde am 26. Juli 1882 uraufgeführt. Trotz Wagners dringender Einladung blieb Ludwig fern. Als Grund dafür nannte er, ansonsten die anwesenden fremden Fürsten empfangen zu müssen. So hörte er den ›Parsifal‹ erst nach Wagners Tod.

Letztes Zusammentreffen

Zum letzten Zusammentreffen zwischen dem König und Richard Wagner kam es Ende Oktober 1880 in München. Familie Wagner hatte sich am 31. Dezember 1879 zu einer Reise von Bayreuth nach Italien entschlossen. Sie fuhr ab München in einem für sie reservierten Salonwagen; in der prächtigen Villa

Wagners allgemeiner **Antisemitismus** fand seinen Niederschlag in der Schrift ›Das Judentum in der Musik‹ von 1850, in der er sich explizit gegen Giacomo Meyerbeer, einen erfolgreichen Opernkomponisten seiner Zeit, wandte. Grundlage des Wagnerschen Antisemitismus war besonders die pathetische Überhöhung der nordisch-germanischen Mythologie, angereichert mit pervertierter christlicher Dogmatik. Dieses Merkmal des Wagnerschen Œuvres war es, was besonders die Nationalsozialisten faszinierte.

Angri in Posilipo nahe Neapel mietete sie sich für sechs Monate ein. Wagner schrieb dem König, mit dem er und Cosima eine lebhafte Korrespondenz unterhielten, dass der Salonwagen seinen Geldbeutel über die Gebühr in Anspruch genommen hätte. Ludwig verstand genau, was damit gemeint war, und gewährte ihm ein »Taschengeld« von 5200 Lire, »um dem Meister Richard Wagner den seiner Gesundheit nützlichen Aufenthalt zu verlängern«. Der neue Hofsekretär Ludwig von Bürkel, der Wagner freundlich gesinnt war, wurde beauftragt Cosima mitzuteilen, dass »durchaus keine Pression zur Rückkehr des Meisters und seiner Familie ins frostige Deutschland ausgeübt werden solle«. Nach dem insgesamt elf Monate dauernden Aufenthalt – Wagners Gesundheit hatte sich leider nicht gebessert – kehrte die ganze Familie am 30. Oktober 1880 nach München zurück. Um Wagner eine Freude zu bereiten, hatte der König Aufführungen der Opern ›Der fliegende Holländer‹, ›Tristan und Isolde‹ und ›Lohengrin‹ arrangiert: Er wollte, dass Cosima und die Kinder diese Werke hörten und sahen. Während der privaten ›Lohengrin‹-Aufführung am 10. November saß Wagner neben dem König in dessen Loge. Es sollte ihre letzte direkte Zusammenkunft gewesen sein.

Am nächsten Tag besprach Wagner mit Hermann Levi die ›Parsifal‹-Aufführung. Wagner war übermüdet und zeigte sich nicht von seiner besten Seite. Während der Proben klappte mit dem Orchester alles wunderbar, doch zu Wagners Ärger verspätete sich der König. Als Ludwig schließlich erschien, bat er darum, das Vorspiel zu wiederholen. Wagner hatte diesem Wunsch zu folgen. Doch als der König dann auch noch das ›Lohengrin‹-Vorspiel hören wollte, kam es zum Eklat. Wagner war in seiner ›Parsifal‹-Stimmung nicht in der Lage, sich noch einmal auf das frühere Werk umzustellen. Gemeinsam mit Cosima ging er in sein Hotel zurück.

Nachdem Wagner 1865 München verlassen hatte, ließ er sich erneut in der Schweiz nieder. Cosima von Bülow folgte ihm dorthin, ließ sich schließlich scheiden und heiratete Wagner 1870 – was übrigens Hans von Bülow nicht hinderte weiterhin die Uraufführungen von Wagners Opern zu leiten. Ab 1870 entstanden weitere theoretische Schriften und Wagner trat in Kontakt zu Friedrich Nietzsche. Am 13. Februar 1883 starb der Komponist bei einem Venedigaufenthalt an Herzversagen.

»Erhabener König! Gnadenvoller Herr und Gebieter« und »Hochverehrte Freundin« – Ludwig II. und Cosima von Bülow in München

Cosima, am 24. Dezember 1837 in Como als Tochter des Komponisten und Pianisten Franz Liszt und der Gräfin Marie d'Agoult geboren, war nur acht Jahre älter als Ludwig II. Dennoch wurde sie zeitweise seine mütterliche Freundin, Beraterin und wichtige Mittlerin zwischen Richard Wagner und seinem Mäzen. Cosimas Eheschließung mit dem Pianisten, Theaterdirigenten und Wagnerverehrer Hans von Bülow in Berlin war nicht von großer Zuneigung geprägt. So wundert es kaum, dass seit dem 28. November 1863 Cosima von Bülow und Richard Wagner ein Liebespaar waren. Ab November 1864 wurde Cosima Wagners Geliebte, Haushälterin, Sekretärin und kluge Diplomatin. Am 10. April 1865 wurde sie in München von Wagners Tochter Isolde entbunden. Am gleichen Tag leitete von Bülow die erste Orchesterprobe zu ›Tristan und Isolde‹.

Es mag als ein Zeichen besonderer Hochachtung des Königs für Cosima von Bülow gelten, dass er ihr durch den Staatsminister von Pfistermeister am 20. Mai 1865 aus Schloss Berg schreiben ließ. Der Staatsrat ersuchte »um günstigsten Aufschluss darüber ergebendst, womit Seine Majestät wohl Wagner zu seinem Geburtstage eine Freude bereiten könne«. Pfistermeister sprach dabei von Cosima und ihrem »erleuchteten, klaren und ruhigen Geist als dem besten Spiegel für Wagners gewiss geniale Anschauungen«.

Unter dem 19. Juni 1865 vermerkte Wagner in seinen Annalen: »Berg: Cos. Pfist. König.« Demnach war Cosima am 19. Juni erstmals in Schloss Berg eingeladen, gemeinsam mit Richard Wagner und Franz Seraph von Pfistermeister. Ein solcher Eintrag findet sich auch unter dem 16. Juli 1865 mit dem Zusatz, dass auch Cosimas ältere beiden Kinder dabei waren.

Schon am 4. Juni 1865 ließ der König durch von Pfistermeister Cosima freundlichen Dank sagen für die Sammlung von Manuskripten und publizierten Artikeln älteren Datums von und über Wagner. Der König staune über den Fleiß und die Beharrlichkeit, »mit welcher Sie, Hochverehrte, gleich einer emsigen Biene so viel Zerstreutes ihm gesammelt haben«. Den Brief an Cosima beschloss von Pfistermeister mit einer kleinen Anekdote, »welche von der ganz eigenthümlichen Begabung unseres liebenswürdigen gnädigsten Herrn zeugt. Als ich neulich, so erzählte er mir, nach einem größeren Ritt nachts ein warmes Bad, stehend im großen Baderaume, nahm, klatschte ich zufällig mit beiden Händen, aber abwechselnd und mit verschiedener Kraft, auf die Fläche des Wassers. Der dadurch verursachte Tonfall erinnerte mich sofort an das letzte Motiv von Tristan, so dass die ganze Scene – Isolde an Tristans Leiche – mit allen Einzelheiten der Musik, wie gezaubert, mir im Ohre lag. Ist das nicht eigenthümlich?«

Während der König in Briefen an Wagner immer wieder Grüße an Herrn und Frau Bülow ausrichten ließ, erwähnte dieser selbst Cosima erstmalig am 25. Juni 1865: »In der Abendstunde fuhr ich gestern von Tegernsee nach München zurück, wo ich meine tapferen Löwen [das Ehepaar Schnorr von Carolsfeld] zur Ruhe zurückgelassen hatte: die wunderbare, innig vertraute Freundin, meines Franz Liszt Tochter, begleitete mich. Sie hat nur noch einen Lebensfaden, und dieser webt sich in dem Wunderbande, welches Sie, mein Herrlicher, mit mir verbindet. Ich hatte den Freunden tags zuvor auf einem traulichen Ausfluge in ein schönes Thal manche meiner widerwärtigen Erfahrungen von Menschen und Leben mitgeteilt:

noch lähmte Entsetzen darüber die Freundin. Jetzt versank sie in einen jener ekstatischen Schlafanfälle, die sie zu Zeiten plötzlich überraschen, und in welchen sie, aus tiefstem Schlummer, bald deutlich und zusammenhängend spricht, indem sie Traumbilder mittheilt, von denen sie nach dem Erwachen nicht die mindeste Erinnerung hat. So begann sie nun plötzlich folgendermaßen: ›Ja, ja! So hab' ich mir die Gralskirche gedacht. Das ist das rechte Altarbild, und dies die richtige Bedeutung des jüngsten Gerichts des Michel Angelo in der Sixtina. Auf der einen Seite Deine Werke, eines strahlender als das andere: auf der anderen Seite Deine Lebenserfahrungen, eine scheußlicher als die andere; und oben in den Wolken – Parcival (so heißen Sie unter uns, theurer Freund!) als Weltenrichter. Da unten, ganz unten – oh, wie schrecklich! Ich mag nicht hinsehen! Der ewige Verrath. Sie verstummte, – und erwachte bald.« Wagner pries dem König gegenüber »Freundin Cosima« auch als die Schreiberin seiner Autobiografie ›Mein Leben‹ (21./22. Juli). Er diktierte, sie fertigte die Reinschrift an und der König erhielt die Aufzeichnungen sukzessive zugesandt.

49 Cosima von Bülow. Gemälde von Franz von Lenbach, 1870

Am 20. August 1865, kurz vor des Königs 20. Geburtstag, brachte Wagner seine Geliebte endgültig ins Spiel: »Seien Sie das leitende Gestirn für den Verein der wenigen Auserwählten, deren Liebe das Schicksal mich und meine Werke anvertraut hat. Ein edles, tiefsinnig erhabenes weibliches Wesen ist diesem Kranz eingeflochten. Wollen Sie wahre, tiefe Aufschlüsse über irgend etwas Unverständliches in meinem Betreff, wenden Sie sich an dieses seltene Wesen, das Ihnen rein wie die Urquelle der Nornen Alles zuspiegeln wird. Berathen Sie sich, edler, herrlicher Freund! Ich gehöre Niemand auf dieser Welt mehr an, als Ihnen und diesen Zweien!«

Nach diesem Eingeständnis Wagners begann am selben Tag der Briefwechsel zwischen Cosima von Bülow und Ludwig II. Cosima wurde zur Mittlerin zwischen König und Genie. Die Briefe des Königs wirken auf den ersten Blick unglaublich überschwänglich. Doch bei einer systematischen Analyse wird deutlich, dass darin Hunderte von kryptischen Dichterzitaten – von Dante bis Goethe – enthalten sind, auch aus Opern- und Oratorientexten von Wagner und Franz Liszt. Ebenso übernahm Ludwig liturgische Texte und Stellen aus der Bibel. Kurz, sie belegen, wie belesen und gebildet der junge König war.

Nach ihrer Abreise nach Tribschen bat Wagner den König um eine öffentliche Ehrenerklärung, deren Wortlaut er selbst in Form eines Briefes an Hans von Bülow entworfen hatte, um die Gerüchte über seine Beziehung zu Cosima zum Schweigen bringen. Der König erfüllte die Bitte und gestattete die Veröffentlichung des Briefes. Doch auf die Dauer konnte der Betrug nicht verborgen bleiben. In einem Brief an Hofsekretär Düfflipp schrieb der König: »Sollte das traurige Gerücht also doch wahr sein, sollte wirklich Ehebruch im Spiele sein? – Dann wehe!«

Als Wagner und Cosima ihn drängten der inzwischen verwitweten Malvina Schnorr von Carolsfeld die Pension zu entziehen, da sie Ludwig die Wahrheit über ihr Verhältnis hinterbracht hatte, schrieb er Ende 1867: »Mir sind die ewigen Streitereien und Klagen von Seiten Wagners, Bülows und Anhang im Grund und Boden zuwider geworden. Ich habe so viel Nachsicht und Geduld mit diesen Leuten gehabt, ihnen wirklich so viele Wohltaten erwiesen, so daß sie allen Grund haben, endlich zufrieden und dankbar zu sein; mein Geduldfaden beginnt endlich zu reißen.«

Eine psychologische Meisterleistung hatte Cosima vollbracht, als sie am 24. Juli 1866 auf des Königs Abdankungspläne reagierte. Sie erinnerte ihn daran, dass sie stets an das Königtum »von Gottes Gnaden« geglaubt habe, es sei für sie eine Religion gewesen, »ja an Sie einzig habe ich als König geglaubt, als König sollten Sie, Hehrer, unsre Kunst erheben«. Und weiter: »Ich bete nun zu Gott von dem die Könige ihre Macht und Würde halten, dass er Sie erhebe und tröste; dass er Ihnen einen Engel sende wie er dem Erlöser auf dem Oelberg erschien, und dass Sie Beglückender, zum Glücke und Frieden gelangen. Ewig treu, ewig liebend, in Todesangst, wie im Heilsjubel!«

Er hatte ihr geschrieben: »Ich bitte Sie, bereiten Sie den Geliebten auf meinen Entschluß vor, die Krone niederzulegen. Er möge barmherzig sein, nicht von mir zu verlangen, diese Höllenqualen länger zu ertragen … Als König kann ich nicht mit ihm vereinigt sein. Ich beschwöre Sie, schreiben Sie mir recht bald, theilen Sie mir die Wonnekunde mit, daß der Einzige, der Angebetete einsieht, daß es höhere Kronen, erhabenere Reiche gibt als diese irdischen, unseligen! Daß Er die Macht meiner Liebe zu Ihm versteht …; o Freundin, dann werde ich erst leben; befreien Sie mich von dieser Scheinexistenz.« (21. Juli 1866).

Selbst der von Cosima erwartete Bruch mit dem Mäzen nach ihrem Entschluss, bei Wagner in Tribschen zu bleiben, blieb aus. Cosimas und Wagners offenes Bekenntnis ihrer Liebe zueinander dem König gegenüber brachte für alle die Erlösung – eine Erlösung durch Liebe. Über allem steht des Königs Wort an Cosima vom März 1869: »Vergessen Sie, was Sie hier leiden mussten, mir zu Liebe vergessen, vergeben Sie! O Sie strafen mich sonst mit, u. dies verdiene ich nicht; auch werden Sie gar nicht wissen, wie treu u. innig ich an Ihnen hänge, denn nach dem Freunde sind Sie mir das theuerste, verehrungswürdigste Wesen auf der Erde.«

Viele Jahre später vermerkte Cosima am 29. April 1878 in ihrem Tagebuch: »Gedenkt Richard unsrer alten schweren Zeiten in München, ›wie ertrug ich's nur!‹« Doch sie hinterließ auch in ihren Aufzeichnungen, Richard Wagner habe ausdrücklich anerkannt, »dass der König der einzige gewesen sei, der in den Jahren der Trennung von Bülow, in den Jahren des ›illegitimen‹ Verhältnisses, immer zu ihnen gehalten habe.« Dies wird durch den Briefwechsel Ludwigs mit Cosima von Bülow eindrucksvoll bestätigt.

Ein König trauert um ein Genie

»Den Künstler, um welchen jetzt die ganze Welt trauert, habe ich zuerst erkannt und der Welt gerettet.«

Der frühe, unerwartete Tod Richard Wagners am 13. Februar 1883 in Venedig traf den Monarchen tief. Als Ludwig die Nachricht überbracht wurde, rief er: »Entsetzlich, fürchterlich!« und bat darum, allein gelassen zu werden. Am 17. Februar lief der Sonderzug mit Cosima Wagner und der Leiche ihres Mannes in München ein. Der König erschien nicht selbst am Bahnhof, doch Graf von Lerchenfeld übergab in seinem Namen einen Palmenkranz, dessen weiß-blaue Atlasschleife die Inschrift trug: »Dem Dichter in Wort und Ton, dem Meister Richard Wagner von König Ludwig II. von Bayern.« Die Kapelle spielte Beethovens Trauermarsch und es erklang des Meisters Trauermarsch aus der ›Götterdämmerung‹. Hofsekretär Ludwig von Bürkel war beauftragt worden den Kondolenzbrief des bayerischen Monarchen an Cosima Wagner zu überbringen, der von ihrer Tochter Daniela von Bülow entgegengenommen wurde.

Im Sommer 1885 bat Cosima Wagner Ludwig das Protektorat für die Bayreuther Festspiele 1886 zu übernehmen. Der König antwortete ihr am 21. September 1885: »Ich zweifle nicht, dass den nächstjährigen Aufführungen … ein schöner Erfolg gesichert ist … In dieser sicheren Hoffnung willfahre ich gerne Ihrer Bitte um Uebernahme des Protektorats über Ihr edles

Hochverehrte Frau! Theuerste Freundin!
Unmöglich ist es mir, Ihnen den tiefen Schmerz zu schildern, der meine Seele erfüllt über den furchtbaren, unersetzlichen Verlust, den Wir erlitten haben. Welch ein entsetzlicher Schicksalsschlag, der Sie und die armen Kinder, uns Alle, die Freunde und zahlreichen Bewunderer des grossen, unvergesslichen Freundes und Meisters, des erhabensten Geistes getroffen hat. Ach, dass Er Uns so frühe entrissen wurde, wer hätte es denken können! Seien Sie versichert, theure, hochverehrte Freundin, dass ich den herben Schmerz über den ach so schrecklich frühen Heimgang des geliebten Verklärten mit Ihnen in tiefster Seele empfinde, ihn mit Ihnen und den lieben Kindern theile, als unwandelbar treuer Freund …

Gott sei mit Ihnen! Ihm ist wohl, Er hat ausgelitten! Wie liebe ich Sie um der starken Liebe willen, die Sie so unerschütterlich treu Ihm, dem Unvergesslichen geweiht und Ihm das Leben dadurch verschönt und zu einem glücklichen gestaltet haben.

In herzlicher Anhänglichkeit immerdar Ihr und der
theuren Ihrigen unwandelbar treuer Freund Ludwig.
München den 16. Febr. 1883 /.

und schönes Unternehmen ... Ihr aufrichtiger Freund Ludwig.«

Ironie des Schicksals: Als sich der Vorhang im Festspielhaus in Bayreuth im Juli 1886 hob, war Ludwig II. nicht mehr am Leben. Es sollte sich bewahrheiten, was der König schon am 4. August 1865 an Richard Wagner geschrieben hatte: »Und wenn wir Beide längst nicht mehr sind, wird doch unser Werk noch der spätern Nachwelt als leuchtendes Vorbild dienen, das die Jahrhunderte entzücken soll, und in Begeisterung werden die Herzen erglühen für die Kunst, die gottentstammte, die ewig lebende!«

50 ›Sie beide wohnen auf der Menschheit Höhen!‹. Richard Wagner und Ludwig II. auf Schloss Berg. Gemälde von Kurt Rozynski, 1890

Richard Wagners Opern

1833 ›Die Hochzeit‹ (Fragment)
1833 ›Die Feen‹
1836 ›Das Liebesverbot oder Die Novize von Palermo‹
1842 ›Rienzi, der letzte der Tribunen‹
1843 ›Der fliegende Holländer‹
1845 ›Tannhäuser und der Sängerkrieg auf der Wartburg‹
1850 ›Lohengrin‹
1865 ›Tristan und Isolde‹
1868 ›Die Meistersinger von Nürnberg‹
1882 ›Parsifal‹
›Der Ring des Nibelungen‹: ›Das Rheingold‹ (1869), ›Die Walküre‹ (1870), ›Siegfried‹ (1870), ›Götterdämmerung‹ (1876)

Schlösser, Schlösser, Schlösser

»... meine Bauten ... die Hauptlebensfreude«

In der langen Reihe der Wittelsbacher war König Ludwig II. mit Sicherheit der bedeutendste Theaterfürst, aber auch einer der größten Bauherren. Die Bauten seiner Regierungszeit erhielten ihre besondere Note durch ihre Wechselbeziehung zum Theater und natürlich ganz besonders zu den Opern Richard Wagners. Anders als sein Vater und Großvater, deren Bauten eher klassizistischen Idealen folgten, bevorzugte Ludwig die Baustile des Neubarock und eines zweiten Rokoko, wandte sich mit Schloss Neuschwanstein der Neuromanik zu und zeigte außerdem eine starke Vorliebe für orientalische Formen.

Die Kunst Ludwigs II. ist geprägt von seiner einzigartigen Persönlichkeit. Er entwickelte eigene Konzeptionen, die jeweils bis ins kleinste Detail der Form und des Inhalts gehen konnten. Über die Hofsekretäre ließ er dann den Künstlern seine Befehle erteilen. In diesem Sinne ist Ludwig II. Bauherr und Schöpfer zugleich, der keine Eigenwilligkeit seiner oft geschickten, aber doch nur wenig bedeutenden Maler, Bildhauer und Dichter dulden wollte.

Der König vergab bedeutende Aufträge an die Hofmöbelfabrik Pössenbachers, die Stickereien Jörres und Bornhauser, die Hofsilberarbeiter Harrach und Wollenweber, die Juweliere Merk und Rath, die Kunstschlosser Kölbel und Moradelli, die Zettlersche Hof-Glasanstalt, die Mayersche Hof-Kunstanstalt und an viele andere. Auf diese Weise machte er München zu einer europäischen Metropole des Kunstgewerbes, die sich

Schlösser und Bauvorhaben
Neuschwanstein
Linderhof
Herrenchiemsee (»bayerisches Versailles«, Baukosten: ca. 20 Millionen Gulden; von Ludwig nur etwa eine Woche bewohnt)
Burg auf dem Falkenstein (nur geplant, nicht gebaut)

bald neben Wien und Paris, wohin der König ebenfalls Aufträge vergab, behaupten konnte.

Seine Schlösser ließ er in Gegenden mit einer bäuerlichen, oft armen Bevölkerung errichten. Begannen nun dort die Bauarbeiten, wurden neue Straßen angelegt, so genannte Fürstenstraßen. Viele Menschen bekamen Arbeit und Brot – wie schon zu Zeiten seines Vaters Maximilian II., wenn die Hofgesellschaft in großer Zahl zu den »Königshäuschen« zum Jagen oder Bergsteigen kam und Mensch und Tier versorgt werden mussten. Immer gab es für den betreffenden Ort einen gewissen wirtschaftlichen Aufschwung.

Im Graswangtal in der Nähe des Klosters Ettal hatte schon Ludwigs Vater ein Jagdhaus. Hier ließ nun Ludwig das luxuriöse Schloss Linderhof erbauen. Das Projekt lief unter der Chiffre »Meicost Ettal«, ein anagrammatisches Buchstabenspiel des Ausspruchs Ludwigs XIV. von Frankreich: »L'état c'est moi.«

Unter den drei neuen Königsschlössern ist Linderhof das Einzige, das zu Ludwigs Lebzeiten vollständig fertig gestellt wurde und das er während der letzten acht Jahre seines Lebens auch wiederholt bewohnte.

In seiner Innenausstattung erstrahlt das Schloss im Glanz des französischen Spätbarock und Rokoko, eine Hommage an den glühend bewunderten französischen Sonnenkönig. Des-

26

sen Symbol, die strahlende Sonne, wie auch der Wahlspruch des Königs, »Nec Pluribus Impar«, finden sich wiederholt im Schloss ebenso wie eine raumbeherrschende Reiterskulptur Ludwigs XIV. Der größte Raum ist das beeindruckende Paradeschlafzimmer des Königs mit starken Anklängen an jenes in Versailles. Im Speisezimmer ist nach wie vor das Tischlein-deck-dich die große Attraktion. Es handelt sich um einen versenkbaren Tisch, der aus der Küche vollständig gedeckt ins Speisezimmer emporgehoben werden konnte und es dem König ermöglichte, völlig ungestört von Bediensteten zu speisen. Bei seinen einsamen Mahlzeiten hatte er Blickkontakt mit Madame Dubarry, deren Pastellportrait aus dem Jahre 1872 im angrenzenden Rosa Kabinett hing. Auch die Portraits Ludwigs XV. und der Madame Pompadour sowie weiterer 13 französischer Adliger schmücken den Raum.

In diesem Schloss im Graswangtal machte der König wie stets die Nacht zum Tage. Erst gegen 17 Uhr stand er gewöhnlich auf und nahm sein Frühstück ein. Dann ging er spazieren, bewunderte die Fontänen im Schlosspark, begab sich auf der südlichen Terrassenanlage zur Büste der Königin Marie Antoinette und suchte dann den Rundtempel mit der Venusfigur auf. Zwischen 20 und 22 Uhr konnte der Kabinettssekretär zum Vortrag erscheinen. Dann folgte das Diner. Gegen 2 oder 3 Uhr morgens legte Ludwig sich zur Ruhe.

Je nach Lust und Laune unternahm er Ausfahrten in der Nacht. Neben dem Großen Galawagen, den 1871 der Hofwagenfabrikant Franz Paul Gmelch in München gebaut hatte, gab es noch einen Kleinen Galawagen des Hofwagenfabrikanten Johann Michael Mayer nach Entwürfen von Hoftheaterdirektor Franz Seitz. Dieser sechsspännig gefahrene Wagen eignete sich besonders gut für Ausfahrten in die Umgebung der Schlösser Linderhof und Neuschwanstein. Er besaß als Dach-

◀ 51 Schloss und Park Linderhof. Blick vom Rundtempel über den südlichen Terrassengarten auf das Hauptparterre

bekrönung eine geschnitzte Gruppe, einen die Krone tragenden Genius und Amoretten mit den Königsinsignien, an den Ecken weiß-blaue Federbüsche aus Straußen- und Reiherfedern. Dieser kleine Galawagen konnte im Winter in einen Schlitten umgewandelt werden. Neben diesem benutzte Ludwig noch einen vergoldeten Puttenschlitten, einen zweisitzigen Renaissanceschlitten, der nach seinen eigenen Entwürfen angefertigt worden war. Eine Krone, die zugleich als Laterne diente, sowie die anderen Laternen erhielten 1885 elektrische Installation mit einer Batterie im Schlittenkasten.

Die durch die Wagner-Oper ›Tannhäuser‹ inspirierte Venusgrotte liegt nordöstlich vom Schloss in einer Schlucht. Ihre Errichtung wurde dem Gartenarchitekten Carl von Effner und dem Hofbaumeister Georg Dollmann übertragen. Neben der zehn Meter hohen Hauptgrotte mit dem von August von Heckel gemalten ›Tannhäuser bei Frau Venus‹ wünschte sich Ludwig vor allem eine dem Vorbild in Capri nachempfunde-

52 Ludwig bei einem nächtlichen Ausflug in seinem Puttenschlitten. Gemälde (Ausschnitt) von R. Wenig

53 Ansicht der Venusgrotte bei Schloss Linderhof in blauer Beleuchtung. Aquarell von Heinrich Breling ▶

ne Blaue Grotte. Es entstand die größte künstliche Tropfsteinhöhle der Welt; sie ist täuschend gut nachgebaut. Die Venusgrotte war jederzeit voll beheizbar, selbst das Wasser des Grottensees konnte temperiert und sogar durch eine Wellenmaschine bewegt werden.

Bereits ab 1877 wurde die Grotte durch den Einsatz von 24 Bogenlampen, einem Pilotprojekt von Werner von Siemens, elektrisch farbig beleuchtet. Ein ebenfalls vorhandener Regenbogen-Projektionsapparat sowie ein je nach Wunsch in Betrieb zu nehmender künstlicher Wasserfall rundeten die Illusion ab. Der Besuch des Königs in der Grotte fand stets nachts statt. Erst fütterte er die aus dem Schlossbassin herbeigeholten Schwäne, dann bestieg er mit einem Lakaien zusammen einen aus Eichen- und Lindenholz gebauten, vergoldeten und mit Schnitzereien reich verzierten Muschelkahn. Die Beleuchtung erstrahlte in den Farben Rot, Rosé, Grün und Blau, des Königs Lieblingsfarbe. Phantastisch schimmerten Wellen, Felsenriffe, Schwäne, Rosen. Im prachtvollen Muschelkahn glitt der Märchenkönig dahin. Wer jedoch hinter die Kulissen blickte, fand »eine melancholische Prosa«, einen abgehetzten Elektrotechniker, dazu sieben Heizer für die Öfen.

Auf der Höhe hinter dem Schloss, am Hennenkopf, wurde Ende 1877 der Maurische Kiosk aufgestellt. Ludwig hatte ihn 1867 auf der Weltausstellung in Paris gesehen und später dem

in Konkurs gegangenen Besitzer, dem preußischen Bankier und Eisenbahnkönig Bethel Henry Strousberg, abgekauft. Die größte Attraktion ist dort der Pfauenthron, den Ludwig nach dem Entwurf von Franz Seitz in emailliertem Bronzeguss ausführen ließ.

Ebenfalls bei Linderhof, unweit der Ammerquelle mitten im Ammerwald unterhalb der Kreuzspitze, entstand die Hundinghütte. Der König ließ hier eine Bühnenkulisse aus dem 1. Akt der ›Walküre‹ architektonisch umsetzen. »Aus mächtigen Rundbalken gezimmert und um eine gewaltige, weitverzweigte alte Esche herumgebaut«, entstand ein Hallenbau mit zwei Nebengelassen. Da es in den Wäldern um Linderhof aber nur Buchen gibt, hieß die vom Baubüro Dollmanns ausgegebene Anweisung: »Doppelbuche mit Eschenstamm-Umhüllung.«

Die Hundinghütte war mit alten Jagdwaffen, Fellen und Trophäen ausgeschmückt, im Stamm des Baumes steckte

54, 55 Der Pfauenthron (oben) und Innenansicht des Maurischen Kiosks bei Linderhof

Nothung, das Schwert Siegmunds. Ein vor der Hütte angelegter künstlicher Teich mit einem alten Einbaum vervollständigte das romantische Bild.

In diese Hütte zog sich Ludwig II. in späteren Jahren gern auf sein Bärenfelllager zu einsamer Lektüre zurück oder hielt mit jungen Männern ein »Metgelage im altgermanischen Stil«. 1871 schrieb er an Richard Wagner: »Ich will mich der verdammten Höllendämmerung, die mich beständig in ihren qualmenden Dunstkreis reißen will, entziehen, um selig zu sein in der Götterdämmerung der erhabenen Bergeseinsamkeit, fern von dem ›Tage‹, dem verhassten Feind, fern von der Tages-Sonne sengendem Schein!«

Im Jahr 1877 wurde ganz nahe der Hundinghütte die Einsiedelei des Gurnemanz nach der Bühnenkulisse aus dem 3. Akt der Wagner-Oper ›Parsifal‹ errichtet. Der König hielt sich besonders gern am Karfreitag dort auf. Klause und Hundinghütte wurden 1945 von einem Forstbeamten niedergebrannt. Erst 1990 konnte die Hundinghütte rekonstruiert und an einer anderen Stelle im Schlosspark von Linderhof wieder aufgestellt werden.

Auf der Pariser Weltausstellung von 1878 gab es ein zerlegbares Marokkanisches Haus. Ludwig II. ließ es erwerben und in der Nähe der Hundinghütte aufstellen, noch reicher ausgestattet und mit einem neuen Anstrich in den Farben Rot, Blau und Gold versehen. Nach dem Tod des Königs kaufte ein Privatmann aus Oberammergau das Haus.

Theodor Hierneis, Ludwigs Hofkoch, berichtete, dass der König seinen Speiseplan den jeweiligen Aufenthaltsorten anpassen ließ. Im Marokkanischen Haus gab es abwechselnd Pyramidenbowle und Veilchenbowle, erstere basierend auf Ananasgeschmack und mit Datteltörtchen serviert; zur

56 Die Einsiedelei des Gurnemanz

Veilchenbowle, die aus getrockneten, einige Stunden in französischem Sekt eingeweichten Veilchenwurzeln bereitet wurde und ein merkwürdig starkes Aroma verbreitete, gab es Petits fours, die mit kandierten Veilchenblüten belegt waren. Veilchenblüten wären jedoch für die Hundinghütte nicht passend gewesen; in der germanischen Inszenierung speiste Ludwig am einfachen Holztisch. Da standen dann Hörner, gefüllt mit Met, silberne Hirsche oder Rehe, gefüllt mit Sahne zum Mokka, kleine Eulen dienten als Salz- und Pfefferstreuer.

Ludwigs Liebe zur »erhabenen Bergeseinsamkeit« steigerte sich im Lauf der Jahre immer mehr. Von seinem Vater hatte der König 18 Jagdhäuser geerbt. 1870/1871 ließ er sich am Schachen auf 1866 Metern Höhe ein weiteres Königshaus erbauen. Es sah von außen wie ein überdimensioniertes Schweizerhaus aus, innen gelangte man über eine Wendeltreppe ins Obergeschoss mit einem äußerst großzügigen Maurischen Saal. Dort feierte der König gern allein seinen Geburts- und Namenstag. Noch heute findet alljährlich am 25. August auf dem Schachen eine Gedenkmesse für Ludwig II. statt.

Schloss Neuschwanstein

»Ich habe die Absicht, die alte Burgruine Hohenschwangau bei der Pöllatschlucht neu aufbauen zu lassen im echten Stil der alten deutschen Ritterburgen und ich muß Ihnen gestehen, daß ich mich sehr darauf freue, dort einst zu hausen; mehrere Gastzimmer, von wo man eine herrliche Aussicht genießt auf den hehren Säuling«, schrieb Ludwig an Wagner. Tatsächlich entstand mit Schloss Neuschwanstein das architektonische Denkmal der Freundschaft zwischen Ludwig II. und Richard Wagner. Der Bau ist eine Huldigung an Wagner, »ein würdiger

Richard Wagner hat Neuschwanstein nie gesehen, obwohl das Schloss eine Huldigung an seine Person und sein Werk ist. Erst zum 50. Todestag des Komponisten am 13. Februar 1933 fand in der Sängerhalle – schon unter nationalsozialistischen Vorzeichen – im Schein von 600 Kerzen zum ersten Mal ein Konzert statt.

Tempel für den göttlichen Freund, durch den einzig Heil und wahrer Segen der Welt erblüht«, so formulierte es der König im Mai 1868 in einem Brief an ihn. Was hier entstand, waren im Grunde Bühnenbilder in Stein. Bühnenmaler hatten das erste Wort. Die nach Anweisungen Ludwigs von Angelo II Quaglio geschaffenen Szenerien für die Münchener Inszenierung von ›Lohengrin‹ und ›Tannhäuser‹ 1867 und die vom König bestellten Vorentwürfe des Bühnenmalers Christian Jank wurden vom Hofbaudirektor Eduard von Riedel, der 1874 von Georg Dollmann abgelöst wurde, in Baupläne umgesetzt. Der König bestimmte alles bis in die letzte Einzelheit der Einrichtung mit. Innenhof, Gänge, Räume, Wandbilder: überall Erinnerungen an die großen Opernwerke Richard Wagners. Während des Entstehens wurde das Schloss für Ludwig mehr und mehr zum sakralen Bau, zur »Gralsburg«. Der Thronsaal in Neuschwanstein gleicht dem Bühnenbild zum Gralstempel einer ›Parsifal‹-Inszenierung. Der Sängersaal in Neuschwanstein mit Anklängen an die Wartburghalle ist einem Bühnenbild zum ›Tannhäuser‹ nachempfunden. Und für das Schlafzimmer diente das Lohengrin-Brautgemach als Vorbild.

Neuschwanstein ist kein verstecktes Idyll, sondern ein weithin sichtbares romantisches Schloss in einzigartiger Lage auf

57 Schloss Neuschwanstein in der Nähe von Füssen, heute wohl eine der meistbesuchten und international bekanntesten Attraktionen in Deutschland

58 Die Marienbrücke. Die 35 Meter hohe Brücke über den Pöllat wurde 1842 unter Kronprinz Maximilian eingeweiht und später zu Ehren seiner Gemahlin »Marienbrücke« benannt. Die in Holzbauweise erstellte Brücke ließ Ludwig II. 1866 durch eine filigrane Eisenkonstruktion von Heinrich Gerber ersetzen.

schroffen Felsen über der steilen und wilden Pöllatschlucht. In dunklen Nächten liebte es der König, zur Marienbrücke zu gehen; dann zündete man im Sängersaal die Kerzen an und der Herrscher weidete sich an der leuchtenden Pracht.

Schloss Herrenchiemsee

Der dritte und wohl prächtigste, sicher aber gewaltigste Bau Ludwigs II. war Schloss Herrenchiemsee. Am 26. September 1873 ließ er die Insel Herrenchiemsee für 350 000 Goldmark erwerben. Es dauerte allerdings noch fünf Jahre, bis der Grundstein für den Bau des Schlosses gelegt wurde. Es sollte ein »Tempel des Ruhmes« werden, in dem Ludwig II. das Andenken an Ludwig XIV. feiern wollte.

Herrenchiemsee ist eine maßstabgetreue Kopie des Schlosses von Versailles einschließlich der dazugehörigen Eckräume, Friedenssaal und

59 Die Spiegelgalerie in Schloss Herrenchiemsee, dem Versailler Vorbild getreu nachempfunden, aber noch größer in ihren Ausmaßen ▶

Kriegssaal, die er mit 52 Kandelabern, 33 Lüstern, Kübeln mit Orangenbäumen, Vasen und Banketten ausstatten ließ. Als er die vollendete Spiegelgalerie, die mit 98 Metern sogar länger ist als ihr Vorbild in Versailles, besichtigte, erregte es seinen Zorn und sein Entsetzen, als er anhand französischer Kupferstiche feststellte, dass zwei Gemälde vertauscht worden waren. Außerdem erschienen ihm die Farben zu blass.

Der Baumeister des Schlosses, Ritter von Brandl, hatte alle Hände voll zu tun, so oft der Monarch sich den Baufortschritt zeigen ließ, was aber erst ab dem Herbst 1881 geschah. Für Ludwig war ein kleiner Rollwagen, den eine Lokomotive auf den Gleisen der Baubahn durch die Insel zog, hergerichtet worden. Der stets ungeduldige König brachte immer wieder neue Vorschläge ein. Zeitweise waren bis zu 300 Arbeiter auf der Insel beschäftigt und bei früh einbrechender Dunkelheit wurde bei Fackelschein und im Licht der Pechpfannen weitergearbeitet.

In seinen eigenen, 1883 fertig gestellten Räumen auf Schloss Herrenchiemsee hat Ludwig nur ein einziges Mal gewohnt. Wie auf Schloss Linderhof gibt es auch auf Herrenchiemsee ein Tischlein-deck-dich. Bei seinem letzten Besuch – er war dabei nur von wenigen Dienern und dem Fourier Hesselschwerdt begleitet – wurde die ganze Pracht der Schlossbe-

leuchtung entfaltet und die über 2000 Wachskerzen der Spiegelgalerie angezündet, als gälte es, Hunderte Gäste zu empfangen, für die das Schloss Raum bot, nicht nur den einsamen König.

Im Schloss befindet sich heute ein König-Ludwig-II.-Museum mit vielen Exponaten, vom Taufkleid bis zu der von Professor E. Eberl abgenommenen Totenmaske des Monarchen.

Im Vestibül des Schlosses steht ein großer bronzener Pfau. Das Tier verbindet als zweiter Lieblingsvogel des Königs neben dem Schwan die beiden Ludwigs Gedankenwelt bestimmenden Themenkreise, das Zeitalter der Bourbonen und die ihm aus seinen Büchern vertraute Welt des Orients. So begeisterte sich Ludwig gegen Ende seines Lebens für das chinesische Hofzeremoniell und gedachte noch 1886 am einsamen Plansee in der Nähe von Schloss Linderhof ein chinesisches Schloss nach dem Vorbild des Kaiserlichen Winterpalastes in Peking errichten zu lassen.

Als wegen der inzwischen auf viele Millionen angewachsenen Bauschulden der Kabinettskasse alles Antreiben nicht mehr nutzte und alle Versuche, Anleihen aufzunehmen, scheiterten, schrieb Ludwig am 26. Januar 1886 an Innenminister von Feilitzsch: »Seit der beklagenswerte Zustand der Kabinettskasse herbeigeführt wurde und die Stockung bei meinen Bauten, an welchen mir so unendlich viel gelegen ist, eingetreten ist, ist mir die Hauptlebensfreude genommen, alles andere ist gegen diese verschwindend. Ich fordere Sie daher noch einmal dringend auf, alles aufzubieten, um zur Erfüllung meines sehnlichsten

60 Tischlein-deck-dich-Mechanismus auf Schloss Herrenchiemsee

Wunsches beizutragen und widerstrebende Elemente zum Schweigen zu bringen. Sie würden mir geradezu das Leben aufs Neue geben.«

Im Jahr 1885 begannen die Auseinandersetzungen zwischen König Ludwig und Prinz Luitpold sowie den Ministern Lutz und Crailsheim um die königlichen Bauschulden. Ludwig weihte seine Mutter erst sehr spät, nämlich im März 1886, in das Dilemma ein. Sofort war sie bereit ihrem Sohn ihren gesamten Schmuck im Wert von mehreren Millionen Mark zu schenken, damit er mit dem erzielten Erlös seine Schulden bezahlen könne. Ludwig war tief gerührt und sagte ihr seinen »wärmsten Dank«. »Aber ich bitte Dich, doch lieber alles zu behalten. Durch irgendwelche Manipulationen muss es dem Leiter des Sekretariats gelingen, die Sache allmählich wieder in das richtige Geleise zu bringen.« Schuld an der Finanzmisere, meinte er, sei nur der Hofsekretär Gresser. Am 21. April klagte er seiner Mutter seine Niedergeschlagenheit; er sei tief unglücklich, da die Sache immer schlimmer und trauriger werde.

Die Königinmutter vertrat die Auffassung, dass das Land Bayern für die Schulden seines Königs aufzukommen habe. Tatsächlich bestritt Ludwig jedoch die Ausgaben für den Bau seiner Schlösser Neuschwanstein, Linderhof und des noch unvollendeten Herrenchiemsee aus seiner Privatschatulle und sein Kabinett sah nicht ganz zu Unrecht keinen Grund, dass dies anders sein sollte. Ludwig verfügte über ein Budget von jährlich 4,5 Millionen Goldmark. 1886 beliefen sich seine Schulden schon auf 14 Millionen: das Dreifache seiner Jahreseinnahmen.

Mit einem sofortigen Baustopp und guten Finanzberatern wären die Schulden sicher in den Griff zu bekommen gewesen. Stattdessen interpretierten Minister, königliche Prinzen

---

Aber wie traurig, dass Alles schlimmer ist, wie Du schreibst! In München hörte ich sagen, wie man das alles bedauert, wie lieb Dich dort die guten Münchener haben, wie gerne Alle helfen möchten. Dich dort wiedersehen ... danach sehnen sie sich! Wie leicht abzuhelfen sei ... wenn einige Zeit das Bauen unterbliebe ... Es freut mich zu hören, wie sie Dich im Herzen tragen, ich glaubte es nicht in dem Maße von den Leuten! ... Alle sehen, dass man Dich anführte und nicht gleich früher sagte, wie die Sache verfahren wurde! *Königinmutter Marie an Ludwig II., 25. April 1886*

und Psychiater Ludwigs Finanzgebahren als »ein Symptom für Geisteskrankheit« und haben »ein Drama heraufbeschworen, das den König schließlich in den Tod getrieben hat«. Mit der erzwungenen Einstellung der Bauten hatte das Leben für Ludwig seinen Sinn verloren. Während sein Großvater und sein Vater vor allem für die Öffentlichkeit gebaut hatten, waren die Schlösser Ludwigs II. so ausschließlich dem König vorbehalten, dass er daran denken konnte, sie nach seinem Tod vernichten zu lassen. Sie waren hermetisch abgeriegelt. Er hätte einer Öffnung für Besucher nie zugestimmt. Heute erfreuen sich Gäste aus aller Welt an den Schlössern und tragen damit zum Erhalt der Bauten bei.

61 Schloss Herrenchiemsee. Blick auf die Gartenfassade, im Vordergrund der Latonabrunnen

Prinz Otto, der spätere regierungsunfähige König Otto

Prinz Otto, der seiner Mutter sehr ähnlich sah, war der heiterste in der Familie. Die Brüder Ludwig und Otto wuchsen zusammen auf, spielten und stritten sich, wie das unter Geschwistern üblich ist. Otto erhielt den gleichen Schulunterricht wie sein Bruder. Ab 1866 hörte er an der Universität München Vorlesungen über Geschichte, Soziallehre und Ästhetik. Die Oper schätzte er ebenso wie sein Bruder, nur galt seine Vorliebe nicht der Musik Wagners, sondern der von Jacques Offenbach. Er schwärmte für das Theater und die Damen des Balletts. Otto war von klein auf eingeprägt worden: »Kronprinz Ludwig ist stets der Erste.«

Gemeinsam besuchten die beiden Prinzen des Öfteren auch kirchliche Feiern und öffentliche Veranstaltungen. Als sie sich mit ihrer Mutter im August 1864 im Fremdenbuch des Schweizerhauses verewigten, dichtete Ludwig:

62 Prinz Otto von Bayern in Generalsuniform. Fotografie, 1873

»Wie freu' ich mich, Dich
wieder zu begrüßen,
Du stilles Haus nach langer,
langer Zeit! –
Begnügt begrüß' ich dieses
Baches friedlich Fließen

Euch Bäume und euch Berge weit und breit.
Ich athme hier der Berge frische Lüfte,
Erfreu' mich an des Himmels klarem Blau,
Es grüßen mich der Blumen süße Düfte,
Auf ihren Blättern liegt des Himmels frischer Thau.
So sag' ich dieser Gegend nun, der hehren,
Mein Aufenthalt wird lange noch hier währen. Ludwig«

Otto dagegen reimte kurz und bündig:

»Eben trug Fürst Taxis
Mit Kellner Praxis
Kaffee und Butter
Uns zum Futter.
Otto«

Während der König oft kränkelte und Unwohlsein vorschützte, um nicht an Hofbällen teilnehmen zu müssen, machten Otto solche Veranstaltungen richtig Spaß.

Prinz Otto hatte zwei Leidenschaften: die Jagd und das Reisen. Seine Jagdleidenschaft war in der Tat außergewöhnlich. Ob er sich mit seiner Mutter in Salzburg, in Berchtesgaden oder in Tirol aufhielt, er ging auf Gemsenjagd. Die Königin war mit Ottos Lebensweise nicht immer einverstanden. So klagte sie einmal ihrem Sohn Ludwig gegenüber, dass Otto täglich vor Tisch auf die Jagd ginge; »ansonsten thut er fast gar nichts den ganzen Tag«.

Der Militärdienst wurde Ottos Beruf. Er wurde 1861 Leutnant, 1864 Oberleutnant und schließlich 1866 Hauptmann im Infanterie-Leibregiment. Ab seiner Volljährigkeit erhielt er eine jährliche Apanage von 80 000 Gulden. Sein Bruder nahm ihn in den Georgiritterorden auf.

Er [Otto] ist ein ganz gewöhnlicher Mensch, ohne nur den geringsten Sinn für Hohes und Schönes. Er ist den ganzen Tag oft auf der Jagd, viel in Gesellschaft meines flachen, geistlosen Vetters und des Abends viel im Aktientheater, wo er besonders für das Ballett schwärmt.

An Cosima von Bülow, 24. Januar 1867

Am 21. Juni 1866 kam Prinz Otto nach Franken ins Hauptquartier seines Großonkels, des Prinzen Karl. Nach dem Friedensvertrag mit Preußen wurde ihm das Ritterkreuz I. Klasse verliehen, am Ende des Frankreichkrieges erhielt er 1871 das Eiserne Kreuz. Schließlich wurde er Kommandeur des 5. Chevauxleger-Regiments, das er am 12. August 1867 in der Garnison in Speyer inspizierte.

Im Gegensatz zu Ludwig liebte Otto das Reisen. So begleitete er wiederholt seine Mutter, beispielsweise im April 1865 nach Schwerin und Berlin; gemeinsam besichtigten sie Hamburg und Kiel. Im September 1866 unternahm er eine fünfwöchige Reise nach Oberitalien und traf 1868, wie schon 1864, mit Ludwig II. das russische Kaiserpaar in Kissingen. Gemeinsam mit dem Bruder besuchte er auch die Wartburg bei Eisenach und erlebte mit ihm den triumphalen Abschluss der Frankenreise in Nürnberg. Es folgte eine längere Orientreise, die Otto offenbar nicht sehr gut bekam, so dass er anschließend zur Erholung nach Italien fuhr. Sehr oft übernahm er zusammen mit seiner Mutter für seinen menschenscheuen Bruder öffentliche Verpflichtungen und zeigte sich dem Volk in München bei Empfängen, Festvorstellungen oder Paraden. Am 1. April 1868 gab der König folgende Anordnung: »Ich halte es für gut, wenn bei Hofe wieder größere Tafeln gegeben werden, wegen meines Unwohlseins werde ich für die nächste Zeit kaum sobald solche abhalten können, ich gedenke daher den Prinzen Otto zu beauftragen, im alten Wintergarten in meinem Namen einige Tafeln zu präsidieren, zu wel-

63 Königinmutter Marie mit ihren Söhnen Ludwig und Otto auf der Schlosstreppe von Hohenschwangau. Fotografie von Joseph Albert, um 1860

chen Einladungen an die Hofchargen, die Minister, Staats- und Reichsräte ergehen können.« Wieder einmal schob Ludwig seine Repräsentationspflichten auf seinen Bruder ab.

Otto liebte lustige Auftritte. So fuhr er am 8. Februar 1869 zusammen mit Ludwig mit dem Hofwagen zum Marienplatz. Dort fand jedes Jahr die Gaudi des Metzgersprunges statt. Dabei wurden die Metzgergesellen in den Fischbrunnen geworfen und dadurch freigesprochen. Otto amüsierte sich dabei köstlich. Er besuchte gern das Oktoberfest, während sein Bruder nur fünf Mal in seinen 21 Regierungsjahren dort erschien.

Ein wichtiges Ereignis im Leben seiner Mutter hat Otto intensiv miterlebt: deren Konversion zum Katholizismus am 12. Oktober 1874. Nach dem plötzlichen Tod ihres Mannes 1864 war aus der fröhlichen Königin eine tief trauernde Witwe geworden. Ihre Söhne bemühten sich sehr um sie, doch mit den Jahren wurde sie immer einsamer. Als sich die Geisteskrankheit ihres Sohnes Otto abzuzeichnen begann, waren es katholische Geistliche, »die der unglücklichen Mutter heftig zusetzten, ihr Sohn könne gesund werden, wenn sie katholisch würde«. Nicht unerheblich muss auch die Wirkung ihrer Lieblingscousine Therese auf Prinz Otto gewesen sein. Sie war den katholisch-konservativen Hofkreisen zuzurechnen und hatte starken Einfluss auf die Personalpolitik in hohen Kirchenämtern in München.

Seit seiner Teilnahme am Kriegsgeschehen von 1870 war Prinz Otto psychisch angeschlagen. Doch bereits um 1867 waren nach Berichten des gewöhnlich gut informierten preußischen Gesandten Freiherrn von Werthern Gerüchte über eine Geisteskrankheit des bayerischen Prinzen im Umlauf und es gab Überlegungen, ob nicht des Königs Bruder Otto von der Thronfolge ausgeschlossen werden müsste. Der preußische Gesandte berichtete Bismarck, dass Otto immer wieder »an ei-

Ludwigs und Ottos Reaktion auf den **Glaubenswechsel der Mutter** fiel sehr unterschiedlich aus. Ludwig äußerte sich an einem für eine solche Mitteilung ungewöhnlichen Ort: Während des üblichen großen Empfangs im Königszelt der Festwiese auf dem Oktoberfest teilte er den Prinzen Luitpold und Adalbert sowie dem Apostolischen Nuntius den Glaubensübertritt seiner Mutter mit und brachte zum Ausdruck, dass er diesen Schritt missbillige. Ganz anders Otto, der am 20. Oktober 1874 an seinen Vetter Ludwig Ferdinand schrieb: »Gewiss hat es dich recht gefreut, dass meine gute Mutter katholisch geworden ist! –

nem kalten Fieber« leide. In der königlichen Familie blieb nicht unbemerkt, dass der damals neunzehnjährige Otto seltsame Unruhe- und Angstzustände hatte. Königinmutter Marie hatte schon Ende des Jahres 1865 ihren Sohn von mehreren Ärzten untersuchen lassen, die sie aber damit beruhigten, es handle sich bei diesen Zuständen um ein »Jugendirresein«, das von selbst wieder vergehe.

In der Zeit, als Ottos Leiden zum Durchbruch kam und Ludwig immer weltfremder und zurückgezogener lebte, begann die österreichische Kaiserin Elisabeth ihren »Königsvetter« Ludwig zu verteidigen und sich ausführlich nach der Krankheit ihres Vetters Otto zu erkundigen. Sie fühlte sich förmlich angezogen von Menschen, die »die Grenze zwischen Normalität und Irrsinn überschritten« hatten. Elisabeth interessierte sich für »Narrenhäuser« und wollte wissen, wie dort die »Irren« gepflegt würden. Von Pflege konnte damals allerdings kaum gesprochen werden. Schließlich setzte sie sich in den Kopf in München eine »Irrenanstalt« zu besuchen und bat die Königinmutter Marie sie dorthin zu begleiten. Die Hofdame der Kaiserin, Gräfin Marie Festetics, schrieb dann über diesen Besuch im Jahr 1874: »Die Kaiserin war bleich und ernst, die Königin aber – o Gnade Gottes –, die zwei verrückte Söhne hat, sie amüsierte sich und lachte.« Ob hier die Reaktion der Königin nicht doch missdeutet wurde und ihr »Lachen« eher als Ausdruck der Verlegenheit und Hilflosigkeit verstanden werden muss?

Ottos Verwirrtheitszustände steigerten sich derart, dass er schon im November 1871 von seiner eigenen Familie als nicht mehr sukzessionsfähig erachtet wurde.

Behandelt wurde der Prinz auf Anordnung seines Bruders in Schloss Nymphenburg in größter Diskretion. Die Adjutanten und Lakaien hatten mit ihm umzugehen, als ob er völlig

Es ist doch eine rechte Gnade von Gott! Die Mutter war gleich nach dem Übertritt heiter und man sah ihr die innere Zufriedenheit u. Seelenruhe ordentlich an! – Gott segne sie immerdar! Die Zeremonie in der Waltenhofer Kirche (bei Hohenschwangau) war recht erhebend! Die Sonne schien so freundlich herein, die Musik war schön! – Der Bischof v. Haneberg v. Speyer sprach sehr gut! – Der Herr Domdechant von Reindl hat mir einen recht lieben Brief wegen der Sache geschrieben, der mich sehr freut!«

zurechnungsfähig wäre. Es kam zu einer zunehmenden Abnabelung des Prinzen von der Außenwelt, unterstützt durch Angstzustände wie gegenüber seinem ehemaligen Adjutanten, dem Grafen Dürckheim-Montmartin, an dem er einen Teufelskopf wahrgenommen zu haben glaubte. Zwar gab es noch einzelne Lichtblicke, etwa im Interesse für Adelsgeschichten, das der Prinz mit seinem zweiten Begleiter, Oberleutnant Karl Reisner Freiherr von Lichtenstern, teilte. Doch schließlich verstummte der Prinz ganz und gar.

An Weihnachten 1871 einigten sich Ludwig und seine Mutter darauf, Otto auf keinen Fall in eine Heilanstalt einweisen zu lassen, sondern ihn auf den Familiengütern zu behalten und möglichst von der Öffentlichkeit fernzuhalten. So lebte er meist in Schloss Nymphenburg. Bis 1874 war er allerdings noch in der Lage, die Mutter bei deren Aufenthalten im Gebirge zu begleiten und mit ihr gemeinsam die Messe zu besuchen.

Beim Fronleichnamsgottesdienst am 27. Mai 1875 in der Frauenkirche in München ereignete sich ein peinlicher Vorfall. Otto, der seinen Bewachern aus Schloss Nymphenburg entflohen war, durcheilte das Kirchenschiff bis zum Altar, fiel dort auf die Knie und bat laut schreiend um Vergebung seiner Sünden. Was ihn am meisten quälte, war der Wahn, ewig verdammt zu sein, weil er einmal unwürdig kommuniziert habe. Er ließ sich diese Zwangsvorstellung zwar ausreden, doch kehrte sie immer wieder. Seine ganze Lebensweise wurde äußerst unregelmäßig. Bald stand er tagelang nicht auf, bald verweigerte er jede Nahrung.

Von April 1883 bis zum 11. Oktober 1916 war Schloss Fürstenried der ständige Aufenthaltsort des Kranken. Die Ärzte, die ihn bereits seit Mai 1871 unter Beobachtung hatten, vertraten die Theorie, dass die »Zerrüttung des Nervensystems« die Folge seines in sittlicher Beziehung mehr als freien Lebens-

---

64 Therese (1850–1925), von der Familie liebevoll Thereschen genannt, war erst 13 Jahre alt, als ihre Mutter, die Toskanerin Auguste, Gemahlin des späteren Prinzregenten Luitpold, mit 39 Jahren einem Lungenleiden erlag. Die Tochter wurde ihrer Schwägerin Marie anvertraut. Sie entwickelte sich zu einer außerordentlichen Persönlichkeit. Als Forscherin reiste sie durch alle Länder Europas, nach Kleinasien, Westindien, nach Nord- und Südamerika. Aufgrund ihrer wissenschaftlichen Verdienste wurde sie Ehrenmitglied der Bayerischen Akademie der Wissenschaften. Die Münchener Universität verlieh ihr die Ehrendoktor-

wandels sei. Aufgrund der Berichte von Franz Karl Müller, dem Assistenten Bernhard von Guddens, lautete ein Gutachten vom Juni 1886: »geistige Störung, sichtbar an Exaltationszuständen, Depressionen, Sinnestäuschung, Zwangsbewegungen und Wahnideen«. Die Öffentlichkeit erfuhr erst im Oktober 1886 durch die Presse, dass der seit dem Tod Ludwigs II. offiziell regierende Otto I. an »Verrücktheit« oder »Paranoia« leide.

Seine Mutter wurde nie müde Otto in Fürstenried zu besuchen. Auch gibt es keinen Brief an Ludwig, in dem sie nicht dessen Bruder erwähnte. Bei Besuchen in Fürstenried konnte es geschehen, dass Otto gerade schlief und die Mutter nach stundenlangem Warten wieder nach München zurückfuhr, ohne ihren Sohn gesprochen zu haben. Sie erlaubte es nicht, dass er geweckt wurde. Ohnehin erkannte Otto die Mutter nur noch selten.

Der letzte Brief von der Hand der Königinmutter datiert vom 31. Dezember 1888 und war an Prinzessin Therese gerichtet; unter anderem enthielt er den Satz: »Es freut mich, dass Ihr Otto besucht.« Als ihr das Schreiben zu schwer fiel, war ihre letzte Nachricht an Therese ein Telegramm vom 12. April 1889. Auch darin findet sich der Ausdruck der Freude darüber, dass Therese mit ihrem Vater, dem Prinzregenten Luitpold, ihren Sohn Otto in Fürstenried besucht hatte. Sie dankte

würde. Prinzessin Therese blieb unverheiratet, doch gab es in ihrem Leben eine bittersüße Liebesgeschichte. Sie hing sehr an ihrem Cousin Otto. Er schrieb ihr lustige Briefe und Karten von seinen Reisen. Auf Schloss Hohenschwangau führte sie ein »Dasein voll Poesie, voll Romantik und Pflege altdeutscher Sagen und es ging wie eine neue Welt für mich auf«. Als sich endlich ihre Schwermut und Todessehnsucht über den Tod ihrer Mutter etwas besserte und sie in ihrem Cousin Otto vielleicht sogar einen Lebenspartner suchte, da bemerkte auch sie, dass der Prinz krank war. Ihre Liebe zu ihm musste unerfüllt bleiben.

außerdem noch für die »guten Nachrichten über Otto und die Schneeglöckchen«.

Im Nachlass der Prinzessin Therese fand sich ein Schreibkalender, den die Königinmutter am 31. Dezember 1888 vom Pfarrer aus Elbigenalp erhalten hatte. Darin ist am Vorabend des Geburtstags von Otto, also am 26. April 1889, vermerkt: »Gott segne und erhalte ihn uns … Champagner, mit welchem wir auf das Wohl seiner Majestät, des Königs tranken.« Am Geburtstag Ottos selbst lautet der Eintrag: »Heil unserm König, Heil! Gott segne seine Majestät, den König!« Im Mai starb die Königinmutter; danach dürfte als einzige nahe Verwandte Prinzessin Therese sich weiterhin um den kranken Vetter gekümmert haben.

König Otto I. wurde am 5. November 1913 nach einer Verfassungsänderung durch seinen Vetter Prinz Ludwig, seit 1912 als ältester Sohn Luitpolds dessen Nachfolger als Prinzregent, rechtmäßig »entthront«. In einer entsprechenden Proklamation ist zu lesen, dass »Herrscherhaus und Volk seit mehr als 27 Jahren tiefe Betrübnis empfinden, dass Seine Majestät König Otto durch eine schwere Krankheit an der Regierung gehindert« sei. Otto I. starb 1916 im Alter von 69 Jahren an einer Blinddarmentzündung. Wie sein Bruder Ludwig ruht Otto in der Gruft der Münchener Michaelskirche, allerdings in einem bescheidenen Sarg. Während am Sarkophag Ludwigs II. immer wieder Blumengebinde niedergelegt werden, finden sich nur selten welche an Ottos Grablege.

Das letzte Lebensjahr des Königs

»Ja, ich war ein Märchenkönig ...«

Ludwigs letztes Lebensjahr war geprägt von extremer Menschenscheu und der Suche nach weiteren Finanzierungsmöglichkeiten für seine Schlösser. Am 5. Februar 1886 fanden Gespräche zwischen Staatsminister Johann Lutz und Prinz Luitpold, Ludwigs Onkel, statt. Der Prinz war bereit die bisherige Regierung im Falle einer Verweserschaft beizubehalten. Voraussetzung war ein psychiatrisches Gutachten über den König. Im März 1886 führte Lutz ein Gespräch mit dem Psychiater Johann Bernhard Aloys von Gudden, seit 1872 ordentlicher Professor für Psychiatrie in München und Direktor der oberbayerischen psychiatrischen Anstalt.

Der erst 40 Jahre alte König war ein kranker Mann. Er ertrug in seiner Nähe nur noch seine vertrauten Dienstboten, die wussten, wie sie ihn zu nehmen hatten. Im Grunde war er von Personen umgeben, die ihn in seinen großartigen Plänen und wirklichkeitsfremden Ideen bestärkten und bestätigten, da

65 Das sich wandelnde Gesicht eines Königs: Ludwig II. 1864, 1874 und 1878. Fotografien von Joseph Albert

sie persönlichen Nutzen daraus zogen. Enttäuschungen blieben nicht aus, denn Ludwig II. war nicht mehr in der Lage, Schwächen und Mängel in der Zuwendung der von ihm idealisierten Menschen zu verarbeiten. Er war sehr großzügig, wenn er jemanden beschenkte; doch wer in Ungnade fiel – Lakaien oder Reitknechte –, fiel sehr tief.

Das letzte Treffen mit seiner Mutter fand am 14. Oktober 1885 statt. Am darauf folgenden Tag feierte sie ihren 60. Geburtstag. Ludwig hatte sich als Überraschung für sie den Besuch des fast fertig gestellten Schlosses Neuschwanstein ausgedacht. Der Burgverwalter von Schloss Hohenschwangau berichtete in seiner Chronik: »Am 14. 10. Nachts 11 Uhr trafen Seine Majestät der König, von Linderhof kommend, im königl. Schloss zu Hohenschwangau ein, um Ihre Majestät die Königinmutter zu Allerhöchst Deren 60. Geburtstag zu beglückwünschen. Am 15. 10. zelebrierte Weibel in der Schlosskapelle morgens 9 Uhr Messe, 12 Uhr Dejeuner, um 2 Uhr nahm Ihre Majestät die Glückwünsche nebst sehr wertvollen Geschenken seiner Majestät des Königs entgegen. Um 3 Uhr begaben sich die beiden Königlichen Majestäten in den neuen Burgbau, wo Ihre Majestät die Königinmutter zum ersten Mal von den fertiggestellten Gemächern und deren Einrichtungs- und Kunstgegenständen Einsicht nahmen; von da begaben sich Allerhöchstdieselben in das Schweizerhaus in der Blöckenau, wohin sich die Herren und Damen schon vom Schloss aus begeben hatten, wo um 4 Uhr das Diner stattfand. Die Rückkehr ins Schloss erfolgte Abends 9½ Uhr. Am 16. 10. abends 5 Uhr verließ Seine Majestät der König das königliche Schloss zu Hohenschwangau und begab sich nach dem Linderhof.« Mutter und Sohn sollten sich nie mehr wiedersehen.

Am Karfreitag seines Todesjahres besuchte Ludwig II. Füssen, um an den 14 Stationen des Kalvarienberges zu beten. Sei-

---

O könntest Du doch frohere Tage haben als bisher! Ich bitte täglich Gott darum und ließ schon Messen lesen! Morgen ist Ottos Geburtstag, wie lange feierten wir ihn nicht mehr zu dreien!

Osterbrief der Königinmutter Marie an Ludwig II., 1886

ne Mutter schrieb ihm, wie sehr sie sich darüber freue, dankte ihm für die herrlichen Ostergeschenke und wünschte ihrem Sohn alles Gute.

Der König litt häufig an Zahnschmerzen. Da er seine schadhaften Zähne nicht durch ein künstliches Gebiss ersetzen lassen wollte, griff er regelmäßig zu starken Schmerzmitteln. Seine Schlafstörungen bekämpfte er mit Schlafmitteln, darunter auch Opium. Bald war er drogen- und alkoholabhängig.

Das Ende der Herrschaft Ludwigs II.

Im Jahr 1886 hatte sich Ludwig soweit aus der realen Welt entfernt, dass er kaum mehr Regierungsaufgaben wahrnahm. Zudem belasteten seine Bauschulden und sein Eintauchen in immer wirklichkeitsfernere Vorstellungen sein Verhältnis zu seinem Kabinett. Angesichts der Krankheit seines Bruders Otto erstaunt es daher wohl nicht, dass sich die Mächtigen in München nach einer Möglichkeit umsahen, Ludwig seines Amtes zu entheben und dabei auf die Erklärung verfielen, er sei geistig nicht mehr zurechnungsfähig. Es ist bekannt, dass Ludwig von den vier prominenten Psychiatern von Gudden, Hagen, Grashey und Hubrich tatsächlich für verrückt erklärt wurde – ohne je auch nur von einem der Genannten untersucht wor-

66 Ludwig II. als Großmeister des Hubertusritterordens. Gemälde von Franz Lenbach, 1880

den zu sein. Gudden konstatierte sogar Paranoia. »Das Gutachten stellt eine Auflistung nur negativer Aussagen unter Auslassung aller positiven Aussagen dar. Die Darstellung auch nur eines Restes an Gesundheit beim König sollte wohl aus politischen Gründen unterbleiben«, so der Münchener Psychoanalytiker Wolfgang Schmidbauer. Quintessenz des Gutachtens war jedenfalls, dass der König an der Ausübung der Regierung gehindert sei.

Am 10. Juni 1886 um 3 Uhr nachts erschien eine Staatskommission in Neuschwanstein, um den König festzunehmen. Die Kommission unter Leitung des Freiherrn Krafft von Crailsheim bestand aus den Legationsräten Graf Törring und Dr. Rumpler sowie Oberstleutnant Maximilian von Washington und Maximilian Graf von Holnstein. Dr. Gudden wurde von seinem Assistenzarzt Dr. Müller und mehreren Irrenwärtern unterstützt. Die Gruppe kam gegen Mitternacht in einem Hotel in Hohenschwangau an und ließ sich zunächst zu einem Souper mit sieben Gängen, 40 Maß Bier und 10 Flaschen Champagner nieder. Nach dem Essen traf Graf Holnstein am Pferdestall mit dem Leibkutscher des Königs, Fritz Osterholzer, zusammen. Ihm gelang es, auf geheimen Wegen zum König zu reiten und ihn vom Eintreffen der Kommission zu unterrichten. Das Schloss wurde sofort abgesperrt, die Gendarmerie und die Feuerwehr aus den umliegenden Dörfern nach Neuschwanstein beordert. Die Wachmannschaft hinderte die Kommission am Zutritt zum Schloss und sie kehrte unverrichteter Dinge nach Hohenschwangau zurück. Trotz des Befehls des Königs, die Mitglieder der Kommission zu verhaften, nach Neuschwanstein zu bringen und dort einzusperren, konnten sie am folgenden Tag nach München zurückreisen.

Der König hatte den Lakaien Alfons Weber als seinen persönlichen Vertrauten bei sich. Ihn bezeichnete er als »letzten

---

Ich glaube an die Unsterblichkeit der Seele und an die Gerechtigkeit Gottes ... Von der höchsten Stufe des Lebens hinabgeschleudert zu werden in ein Nichts – das ist ein verlorenes Leben; das ertrage ich nicht. Daß man mir die Krone nimmt, könnte ich verschmerzen, aber daß man mich für irrsinnig erklärt hat, überlebe ich nicht. Ich könnte es nicht ertragen, daß es mir so geht wie meinem Bruder Otto, dem jeder Wärter befehlen darf und dem man mit Fäusten droht, wenn er nicht folgen will ... Aber mein Blut komme über alle die, welche mich verrieten! Luitpold, ein schö-

Getreuen« und schenkte ihm sein ganzes Geld, 1200 Goldmark, sowie eine wunderbare Agraffe von seinem Hut im Wert von 2500 Mark.

Es dürfte Ludwig klar gewesen sein, dass bald eine neue Kommission eintreffen werde. Während der Stunden des verzweifelten Wartens verhielt er sich ruhig; als es Nacht wurde, begann er zu trinken – eine ganze Flasche Rum mit Gewürznelken und eine Flasche Champagner. Der übermäßige Alkoholgenuss machte ihn ungestüm und aufgeregt.

Nach dem fehlgeschlagenen ersten Verhaftungsversuch eilte Ludwigs Flügeladjutant, Graf Alfred von Dürckheim-Montmartin, aus München nach Neuschwanstein. Sein Rat an den König lautete wie der Bismarcks, den Dürckheim telegrafisch um Unterstützung gebeten hatte: Der König solle sofort nach München fahren und sich dem Volk zeigen. Das lehnte Ludwig ebenso ab wie die von einem seiner Getreuen vorgeschlagene Flucht ins nahe Tirol. Das Schicksal nahm also seinen Lauf. Der neu eingesetzte Prinzregent Luitpold ließ alle Dienststellen im Füssener Raum von der Absetzung des Königs wegen Geisteskrankheit informieren. Ludwig befürchtete Kämpfe mit den mittlerweile von München ausgewechselten Gendarmen. »Um meinetwegen soll kein Blut vergossen werden.«

67 Eine der letzten Fotografien Ludwigs von Joseph Albert, 1883

ner Verwandter, der sich die Herrschaft anmaßt und mich gefangen setzen läßt. Das ist kein Prinzregent, das ist ein Prinzrebell.

Ludwig II. zu seinem Lakai Alfons Weber, 10. Juni 1886

Resigniert trug sich der König mit Selbstmordgedanken. Auch seine letzten Getreuen fürchteten, er könne sich von einem Schlossturm in die Tiefe stürzen. Doch dann meinte er: »Ertrinken ist ein schöner Tod. Keine Verstümmelung – Aber ein Sturz von der Höhe …«

Gegen Mitternacht vom 11. auf den 12. Juni erschien die zweite Kommission, die schließlich bis zum König vordrang. Nun war es an dem Arzt, den König aufzuklären: »Majestät, es ist die traurigste Aufgabe meines Lebens, die ich übernommen habe; Majestät sind von vier Ärzten begutachtet worden, und nach deren Ausspruch hat Prinz Luitpold die Regentschaft übernommen. Ich habe den Befehl, Majestät nach Schloss Berg zu begleiten, und zwar noch in dieser Nacht. Wenn Majestät befehlen, wird der Wagen um 4 Uhr vorfahren.« Der König stieß nur ein schmerzliches »Ach, was wollen Sie denn? Ja, was soll denn das?« aus. Die Pfleger hatten sich des Königs bemächtigt und ihn in sein Schlafzimmer geführt, wo es stark nach Arrak roch. Dort stellte Dr. Gudden alle Mitglieder der Kommission einzeln vor und erwähnte, er habe schon 1874 die Gnade einer Audienz beim König gehabt. Damals, also zwölf Jahre zuvor, hatte Ludwig II. Gudden mit der Behandlung seines Bruders betraut. Nun antwortete er: »Ja, ja, ich erinnere mich genau.« Er erkundigte sich nach dem Zustand seines Bruders Otto. Dann wollte der König wissen: »Wie können Sie mich für geisteskrank erklären, Sie haben mich ja vorher gar nicht angesehen und untersucht?« Dr. Gudden erklärte, dass das Aktenmaterial geradezu erdrückend sei. Was jedoch in den Akten stand, war keine Beweiserhebung, die durch Ärzte, sondern vielmehr durch unkundige Beamte im Auftrag des nunmehrigen Prinzregenten Luitpold erfolgt war.

Ab dem 10. Juni 1886 übernahm **Prinz Luitpold**, der am 12. März 1821 geborene dritte Sohn Ludwigs I. und jüngere Bruder Maximilians II. Joseph und Ottos I. von Griechenland, die Regentschaft für seine beiden als geisteskrank erklärten Neffen Ludwig II. und Otto I. Nach seinem Tod am 12. Dezember 1912 folgte ihm sein ältester Sohn Ludwig im Amt als Prinzregent und bestieg ein Jahr später nach der Absetzung Ottos I. selbst als letzter bayerischer König Ludwig III. den Thron. Am 7./8. November 1918 wurde er durch Kurt Eisners Staatsstreich gestürzt. Er starb am 18. Oktober 1921 in Sárvár in Ungarn.

Der letzte Akt

Am Pfingstsamstag, dem 12. Juni, fuhren gegen 12.15 Uhr drei Wagen in den Schlosshof von Berg ein. In der ersten Kutsche saßen Dr. Müller und zwei Pfleger, in der mittleren war der König allein eingesperrt und in der letzten befanden sich ein Gendarmeriehauptmann und zwei weitere Pfleger. In Seeshaupt am Starnberger See, wo zum letzten Mal die Pferde gewechselt wurden, bat der König um ein Glas Wasser, das ihm die Posthalterin ehrfürchtig reichte. Die Fahrt hatte 18 Stunden gedauert.

Wie erniedrigend muss es für den König gewesen sein, als er bemerkte, dass in Schloss Berg die Türklinken abgeschraubt, die Fenster vergittert und Beobachtungslöcher in die Türen gebohrt worden waren. Alles war also von langer Hand vorbereitet. Nach dem Mittagessen legte sich der Erniedrigte gegen 15 Uhr zur Ruhe. Als er gegen Mitternacht erwachte, suchte er – nur mit Nachthemd und Strümpfen bekleidet – seine Kleidungsstücke, die ihm aber die Wärter nicht gaben. Gegen Morgen schlief Ludwig wieder ein. Am folgenden Vormittag empfing er einige Personen, darunter Dr. Gudden und dessen Schwiegersohn, Dr. Grashey. Ludwigs Bitte, am Pfingstsonntag die Messe besuchen zu dürfen, wurde nicht entsprochen. Zwischen 11 und 12.15 Uhr machten der König und Dr. Gudden einen ersten Spaziergang; es folgte ein einsames Mittagessen für den König, dann weitere Gespräche am Nachmittag mit Stabskontrolleur Zanders, schließlich kam Dr. Müller. Um 16.30 Uhr verlangte der König trotz Guddens Einspruch etwas zu essen. Er schien sehr hungrig und trank ein Glas Bier, zwei Gläser gewürzten Wein, drei Gläser Rheinwein und zwei Gläschen Arrak. Anschließend ließ er Gudden daran erinnern, dass sie einen weiteren Spaziergang vereinbart

---

Allzufrüh mußt er sich trennen,
fort von seinem Lieblingsplatz:
ja, Neuschwanstein, stolze Feste,
warst des Königs liebster Schatz!

Allzufrüh mußt er von dannen,
man nahm ihn fort mit der Gewalt,
gleich wie Barbaren hams dich behandelt,
und fortgeführet durch den Wald.

Mit Bandarsch und Kloriformen
Traten sie behendig auf.
Und dein Schloß mußt du verlassen
Und kommst nimmermehr hinauf!

Nach Schloß Berg hams dich gefahren
In der letzten Lebensnacht,
da wurdest du zum Tod verurteilt
noch in derselben grauen Nacht.

hätten. Gudden hatte keine Lust und sagte zu Freiherrn von Washington: »Wenn mich Seine Majestät nur von dem Spaziergang weglassen würde! Der Herr strengt einen so fürchterlich an mit seinen vielen Fragen!« Nach München ließ er an Lutz telegrafieren: »Hier geht es jetzt wunderbar gut.« Mit den Worten: »Um acht Uhr zum Souper« verabschiedete er sich von Washington. Gudden beschloss – wider jede Vernunft – die Wärter auf den Spaziergang nicht mitzunehmen.

Als es 20 Uhr wurde, ohne dass sich die Spaziergänger in der Nähe des Schlosses gezeigt hätten, wunderte sich Dr. Müller, vor allem auch deshalb, weil es mittlerweile stark regnete. Er schickte Gendarmen aus, dann alle verfügbaren Männer mit Lampen und Fackeln. Erst gegen 22 Uhr bemerkte ein Hofoffiziant in der Nähe des Ufers etwas Schwarzes im Wasser treiben. Der Fund erwies sich als Überrock und Leibrock des

68 Der letzte Spaziergang des Königs mit dem Psychiater Bernhard von Gudden im Park von Schloss Berg am 13. Juni 1886. Kupferdruck nach einem Aquarell von Heinrich Breling

69 Die Auffindung der Leiche des Königs im Starnberger See. Stich aus ›L'Illustration‹, Paris, vom 26. Juni 1886 ▶

Königs. Hofoffiziant Rottenhöfer fand den Regenschirm und der Pfleger Schneller den Hut des Königs. In der Nähe lag der Hut Guddens. Erst eine halbe Stunde später fanden die Männer den König und den Arzt etwa 20 bis 25 Schritte vom Ufer entfernt im seichten Wasser liegen. Trotz des nicht geklärten Spurenbefundes im Wasser kann davon ausgegangen werden, dass Ludwig II. Selbstmord begehen wollte und ihn sein Arzt Gudden zurückzuhalten versuchte. Der sehr viel kleinere Gudden scheint bei dem Kampf so schwer angeschlagen worden zu sein, dass er ins Wasser stürzte und ertrank. So endete am 13. Juni 1886 auf tragische, bis heute nicht völlig geklärte Weise das Leben des bayerischen Märchenkönigs, aber der »Mythos Ludwig II.« war geboren!

Die beiden Toten wurden sogleich im ersten Stock des Schlosses aufgebahrt, Dr. Gudden im ehemaligen Wohnzimmer und Ludwig II. im Schlafzimmer der Königinmutter.

Die Nachricht vom Tod des Königs wurde bereits in den frühen Morgenstunden des 14. Juni durch Plakatanschläge der Münchener Bevölkerung bekannt gegeben. Wie ein Lauffeuer verbreitete sich die Neuigkeit in der Stadt und dann im ganzen Land. Die weitere Verbreitung der Unglücksbotschaft erfolgte durch Telegramme. Am 14. Juni 1886 um 5.30 Uhr wurde durch Carl Freiherr von Washington mit dem Telegramm Nr. 68 jedoch nicht die Königinmutter, sondern deren Obersthofmeisterin unterrichtet.

Wie erfuhr die verwitwete Königin selbst vom Tod ihres Sohnes? Zur Zeit des Unglücks weilte Marie krank in Elbigenalp. Die Person, die ihr außer ihrem Beichtvater am nächsten stand, Prinzessin Therese, wurde mit der schwierigen Aufgabe betraut, ihr die schlechte Nachricht zu überbringen. Sie ging zusammen mit dem Beichtvater ins Zimmer der Königinmutter. Der Pfarrer las zunächst eine bestimmte Stelle aus der Bibel vor und wiederholte sie dreimal. Da wollte die Königin von ihrer Hofdame Julie von der Mühle wissen, ob ihrem Sohn etwas zugestoßen sei. Als diese schwieg, richtete sie die Frage direkt an Prinzessin Therese, ob ihr Sohn tot sei. Diese nickte stumm. Die Königinmutter weinte bitterlich und erlitt einen Nervenzusammenbruch.

Daraufhin meldeten fälschlicherweise die Zeitungen in Bayern den plötzlichen Tod der Königinmutter, am folgenden Tag erfolgte das Dementi. Die zutiefst erschütterte Königinmutter war so schwach, dass sie vier Wochen lang das Bett hüten musste. So sah sie ihren toten Sohn nicht mehr. Einen sehr persönlichen Brief erhielt sie von Kronprinz Friedrich Wilhelm von Preußen: »Heute sah ich Deinen geliebten Sohn zum letzten Mal, nachdem 15 Jahre verstrichen waren, seit ich ihn erblickte. Friede und Ruhe lagen auf seinen Zügen, denen der Tod die Schönheit nicht rauben konnte. Der Zudrang aller Schichten des Volkes zu seiner Aufbahrung war großartig und dauert ununterbrochen fort.« Vom toten Sohn war der Mutter nach Elbigenalp eine Haarlocke überbracht worden. Das Kuvert, in dem sich die Locke befand, beschriftete Marie selbst mit den Worten: »Ludwigs Haare. Juni 1886.«

Die Überführung des toten Königs von Schloss Berg in die Residenz nach München erfolgte in der Nacht vom 14. auf den 15. Juni. Nach der Obduktion und Einbalsamierung wurde der Leichnam in der Allerheiligen-Hofkapelle aufgebahrt,

70 Die aufgebahrte Leiche ▶
Ludwigs II. Kolorierte Fotografie

wo die Bevölkerung drei Tage lang Gelegenheit hatte, von ihrem wie friedlich entschlafen wirkenden Herrscher Abschied zu nehmen. Sein Leichnam war in die schwarze Tracht des Großmeisters vom Orden des Heiligen Hubertus gekleidet worden. In der Linken lag ein Schwert, während in der rechten Hand ein kleiner Jasminstrauß steckte, den Kaiserin Elisabeth nach Berg gesandt hatte.

Am Samstag, dem 19. Juni, begann um 11.30 Uhr ein einstündiges Trauergeläut aller Münchener Kirchenglocken, dann fuhr der Leichenwagen aus der Residenz und nahm seinen Weg zur Begräbnisstätte, der St. Michaelskirche. Der Andrang der trauernden Menge war groß. Am Kirchenportal wurde der Sarg von Stiftsdekan Ritter von Türck und der Hofgeistlichkeit empfangen, in den Chor getragen und dort aufgebahrt. Zahlreiche Kränze und Blumen bedeckten den Katafalk. Schließlich wurde der Sarg in einen zweiten gelegt, vom Minister des königlichen Hauses versiegelt und in die Gruft getragen. Vier Monate später erfolgte die Umbettung des Leichnams in einen neoklassizistischen Sarkophag.

Trauer um den toten König

Zum Tod Ludwigs ist ein Brief Thereses an ihre Tante, die Königinmutter Marie, erhalten: »Wie ich aus tiefster Seele und mit wahrhaft kindlicher Liebe an Dir hänge[, weißt Du,] und so wirst Du auch ermessen können, wie sehr ich mit Dir fühle und leide in all dem Schweren, das Du jetzt zu erdulden hast!« Therese betonte, wie sehr sie seit Monaten der Gedanke quälte, dass da »etwas« auf die Familie zukomme. Sie dachte auch an ihren Vater Luitpold, dem der getane Schritt so furchtbar schwer geworden war und der sich, solange es nur immer ging, gegen die Entmündigung des Königs gesträubt habe. »Aber während Papa die unsagbar traurige Angelegenheit tief berührt, weil er, abgesehen von allen Anderen, ein großes, tief in sein Leben einschneidendes Opfer zu bringen gezwungen war, so berührt es Dich weit näher, davon Dein Mutterherz auf das Schmerzlichste getroffen wird; und so bin ich denn mit meinem Denken und Fühlen am meisten bei Dir! Wenn der Herr solches Leiden auferlegt, verleiht er auch Kraft, es zu tragen.« Wenn sie der Tante auch nicht räumlich nahe sein könne, so sei sie es doch im Gebet. »Das Ganze ist mir noch wie ein böser, böser Traum, an dessen Wirklichkeit ich nicht glauben möchte.«

Für den 25. August 1886, den Namens- und Geburtstag ihres verstorbenen Sohnes, ordnete die Königinmutter eine Seelenmesse in der St. Michaelskirche in München an. Erst am 22. September war es ihr dann möglich, selbst dorthin zu reisen. In Begleitung ihrer Hofdame, Gräfin Julie von der Mühle, begab sie sich in die Fürstengruft der Kirche. Am Portal wurde sie von der Geistlichkeit empfangen, die eine Trauermesse für den toten König zelebrierte. Marie legte einen großen, aus Edelweiß und weißen Rosen geflochtenen Kranz am Sarg ih-

Unter dem 10. Juni 1886 vermerkte Marie Valérie in ihrem Tagebuch, dass Ludwig nun als geisteskrank erklärt und abgesetzt sei und Onkel Luitpold die Regierungsgeschäfte übernommen habe. Mit versteinertem Gesicht hatte am 13. Juni Prinzessin Gisela, Gemahlin Prinz Leopolds, in Feldafing ihrer Mutter Elisabeth die Todesnachricht überbracht. Die junge Prinzessin vertraute ihrem Tagebuch ihre Gedanken zu diesem Schicksalsschlag an: »Mama dagegen, die in diesem grässlichen Ereignis nicht nur das traurige Ende eines genialen Königs, sondern den Tod eines Jugendfreunds beweint, ist von Mitleid und

res Sohnes nieder. Als die tief erschütterte, fassungslos weinende Königin die Kirche verließ, verneigten sich die anwesenden Gläubigen still vor ihr. Dann begab sich Marie nach Schloss Fürstenried zu ihrem Sohn Otto, dem nunmehrigen, aber regierungsunfähigen König. Von großem Schmerz erfüllt, fuhr sie nach Schloss Berg, ging durch die Räume, in denen sich Ludwig einst so gern aufgehalten hatte, und ließ sich an die Unglücksstätte am See führen. Dort pflanzte sie Efeu und kehrte noch am gleichen Tag nach Hohenschwangau zurück. Ihr 61. Geburtstag am 18. Oktober 1886 dürfte der traurigste ihres Lebens gewesen sein.

In seinen Erinnerungen schrieb Prinz Leopold von Bayern, ein Neffe der Königin und Sohn des Prinzregenten Luitpold: »Für die arme, ohnehin schon so schwergeprüfte Königinmutter Marie war es entsetzlich. Doch diese edle, hochgesinnte Frau hat dies weder Papa noch irgendeinem von uns je nachgetragen und zeigte uns, besonders meiner Schwester, die gleiche verwandtschaftliche Liebe und Fürsorge. Schwer empfand diesen Verlust auch meine liebe Schwiegermutter, die gerade zum Besuch ihrer Mutter in Feldafing weilte.« Prinz Leopolds Schwiegermutter war Kaiserin Elisabeth von Österreich, die damals zusammen mit ihrer jüngsten Tochter Erzherzogin Marie Valérie in Feldafing weilte.

Kaiserin Elisabeth ging mit ihrer Tochter Marie Valérie am 21. Juni 1886 in Feldafing in die Dorfkirche und ließ dort ein feierliches Amt für den toten König halten. Über dem schwarzverhangenen Altar war das wittelsbachische Wappen angebracht. Vor dem Altar stand ein großer Katafalk mit Eichenlaub und Kränzen aus Jasmin und Rosen, das darauf befindliche Wappen war mit Alpenrosen bekränzt. Am folgenden Tag reiste die Kaiserin nach München, um in der St. Michaelskirche einen Kranz am Sarg des Königs niederzule-

---

Erinnerungen an schöne Stunden erfüllt und ganz verstört vor Kummer ... Vielleicht hat Mama Unrecht zu sagen, der König war kein Narr, nur ein in (anderen) Ideenwelten lebender Sonderling ... Als ich abends zum Beten bei Mama war, war sie selbst allerlängst auf dem Boden – ich schrie laut auf, denn ich dachte, sie hätte etwas gesehen und klammerte mich in solcher Angst an sie, dass wir schliesslich lachen mussten. Mama sagte, sie wolle nur in Reue und Demut für ihre rebellischen Gedanken Gott um Verzeihung bitten ..., in Demut sagen: Jehova, du bist groß, Du bist der Gott der Rache, der Gnade, der Weisheit.«

gen. Nach dem Besuch in der Gruft sagte Elisabeth zu ihrer Tochter, dass es besser sei, den König dort bei seinen Vätern ruhen zu wissen als so fortzuleben, wie es unter dem Luitpoldinischen Regiment der Fall gewesen wäre.

Marie Valérie stellte oft in ihrem Tagebuch Vergleiche zwischen ihrer Mutter und dem ihr seelenverwandten König von Bayern an. Viele Jahre nach des Königs Tod, am 13. März 1902, bei einem feierlichen Diner im Fürstenhaus Thurn und Taxis, kam sie mit Alfred Graf Dürckheim-Montmartin, dem ehemaligen Adjutanten Ludwigs II., ins Gespräch, der 1886 bei der Festnahme des Königs zugegen gewesen war. Er bestätigte, dass die Kaiserin damals ihren Königsvetter sprechen wollte, man habe ihr aber davon abgeraten.

Seit dem späten 18. Jahrhundert wurde es Brauch, die Herzen der verstorbenen Wittelsbacher Regenten in der Altöttinger Kapelle in Urnen nahe dem Gnadenbild beizusetzen. Wie schon das Herz seines Großvaters und seiner Eltern, fand dort auch das König Ludwigs II. seine letzte Ruhestätte. Die Überführung der 65 Zentimeter hohen Herzurne aus vergoldetem Silber fand am 16. August 1886 statt. Das Zeremoniell begann um 5.30 Uhr morgens mit einem Gottesdienst in der Hofkapelle der Münchener Residenz in Anwesenheit der Familienangehörigen. Anschließend trug der Stiftsdekan von Türck das mit einem schwarzen Schleier verhüllte Behältnis durch ein Spalier von 24 Hartschieren zum sechsspännigen Hofwagen, der zu einem Extrazug am Ostbahnhof fuhr. Auf einem Katafalk wurde die Urne vom Bahnhof Neuötting zur Stiftskirche überführt. Der

71 Erzherzogin Marie Valérie von Österreich, Tochter der Kaiserin Elisabeth, war in Feldafing, als der König starb. Fotografie, 1890

Bischof von Passau las die Messe. Die Urne trägt neben dem goldenen bayerischen Wappen und einer Krone aus Metall in Silber getriebene Sträußchen aus Alpenrosen und Edelweiß.

Zum ersten Todestag und zum Geburts- und Namenstag ihres Sohnes 1887 ließ die Königinmutter von Hohenschwangau aus einen Kranz mit einer Widmung auf schwarzer Samtschleife nach München überbringen und ordnete eine stille Messe an. Außerdem weihte man am Uferhang des Starnberger Sees nahe der Stelle, wo die Leiche des Königs gefunden worden war, die von der Königinmutter gestiftete gotische Totenleuchte ein.

Ein Brief der Königinmutter vom Juni 1888 an Marie Therese, Gemahlin des späteren Königs Ludwig III., zeigt noch einmal, wie Marie durch ihren Glauben das schwere Los ertrug: »Herzlichen Dank Dir und Euch allen, wie Gisela und Therese für Eure treue Teilnahme und Erinnerung an den gestrigen schweren Trauertag; schon zwei Jahre ist es her, ich danke Gott, dass mein Ludwig selig im Himmel ist. Wir hielten gestern zwei Ämter und fünf Heilige Messen für ihn zu meinem Trost und Freude.«

In seinem Nachruf auf Ludwig II. formulierte Papst Leo XIII.: »Welch ein liebenswürdiger König, gesegnet mit allen Gaben Gottes! Von seinen Vätern hat er die leidenschaftliche Liebe zum Schönen und Großen geerbt und eine Liebenswürdigkeit, welche sein Volk entzückt ... Von idealer Schönheit, ein offenes Herz für alles, was erhebt und ergreift, steigt er auf den Thron, angebetet von seinem Volke. Er ist der volkstümlichste König ...«

72 »Ein zarter Kuß für den König aus Marmor«. Postkarte aus den Jahren kurz nach dem Tod Ludwigs

Zeittafel

1811 28. November: Maximilian II. Joseph von Bayern, der Vater Ludwigs, geboren

1825 18. Oktober: Die Hohenzollernprinzessin Marie von Preußen im Stadtschloss von Berlin geboren

1837 24. Dezember: Elisabeth, später Kaiserin von Österreich, als viertes Kind von Max und Ludovika von Bayern in München geboren

1842 12. Oktober: Marie von Preußen und Kronprinz Maximilian von Bayern vermählen sich in München.

1845 7. Januar: Prinz Ludwig von Bayern, der spätere Ludwig III., geboren
25. August: Erbprinz Otto Ludwig Friedrich Wilhelm, der spätere König Ludwig II., in Schloss Nymphenburg bei München geboren

1848 20. März: König Ludwig I. von Bayern, Ludwigs Großvater, dankt ab
21. März: Regierungsantritt Maximilians II. Erbprinz Ludwig wird Kronprinz
27. April: Prinz Otto Wilhelm Ludwig, der Bruder Ludwigs II., in Nymphenburg geboren
2. Dezember: Regierungsantritt Kaiser Franz Josephs von Österreich

1861 2. Februar: Kronprinz Ludwig erlebt erstmals die Wagner-Oper ›Lohengrin‹

1862 22. Dezember: Kronprinz Ludwig erlebt erstmals die Oper ›Tannhäuser‹.

1863 20. September: Verfassungseid von Kronprinz Ludwig nach seiner Volljährigkeit und Verfassungseid in Berchtesgaden

1864 Dänischer Konflikt. Krieg Österreichs und Preußens gegen den Dänenkönig Christian IX.
10. März: Tod König Maximilians II. Joseph in München Eidesleistung Ludwigs, des neuen Königs, in der Münchener Residenz
14. März: Beisetzung König Maximilians II. Joseph in der Theatinerkirche
27. März: Eröffnung des Landtags, der seit 1863 vertagt war. Einladung sämtlicher Abgeordneter zur königlichen Tafel; Generalamnestie für alle, die an den Unruhen von 1848/1849 beteiligt waren
4. Mai: Erste Begegnung König Ludwigs II. mit Richard Wagner in der Residenz
3. Juni: Ludwigs erste Baumaßnahme: Anlage des Nibelungenganges in der Residenz
18. Juni–14. Juli: Reise nach Kissingen. Treffen mit dem österreichischen und dem russischen Kaiserpaar
Oktober: Richard Wagner bezieht ein vom König gemietetes Haus in der Brienner Straße in München

1865 28. März: Kaiserin Elisabeth von Österreich reist nach München. Begegnung mit Ludwig II.
10. Juni: Uraufführung von ›Tristan und Isolde‹ im Hof- und Nationaltheater München
27. August: Richard Wagner beendet den Entwurf zu seiner Oper ›Parsifal‹
18. Oktober: Ungekürzte Aufführung von Schillers ›Wilhelm Tell‹; anschließend Schweizreise des Königs zum Besuch der Stätten der Tell-Sage
11. November: Wagner besucht König Ludwig für einige Tage in Hohenschwangau
10. Dezember: Von allen Parteien gedrängt, muss der König Richard Wagner entlassen, der dann München verlässt
13. Dezember: Kaiserin Elisabeth von Österreich zu Besuch in München
Ende des Jahres erste Zeichen einer psychischen Störung bei Prinz Otto (»Jugendirresein«)

1866 29. März: Teilmobilmachung Preußens. Einmarsch Preußens in Holstein. Austritt aus dem Deutschen Bund. Kriegserklärung des Bundes
9. Mai: König Ludwig will lieber zugunsten seines Bruders Otto abdanken als Mobilmachung befehlen
10. Mai: Ludwig II. befiehlt Mobilmachung für den 22. Juni
22. Mai: Ludwig reist zu Richard Wagner nach Tribschen
27. Mai: Eröffnung des bayerischen Landtags
15. Juni–26. Juli: Preußisch-österreichischer Krieg um die Vorherrschaft in Deutschland
16. Juni: Der angegriffene Deutsche Bund beschließt Krieg gegen Preußen
21. Juni: Prinz Otto reist als Offizier ins Hauptquartier seines Onkels, des Prinzen Karl
25. Juni: Reise König Ludwigs ins Hauptquartier nach Bamberg
3. Juli: Österreichs Niederlage bei Königgrätz
26. Juli: Vorfriede von Nikolsburg
18. August: Gründung des Norddeutschen Bundes unter preußischer Führung
22. August: Bayerns Vertreter schließen ohne die vom König geforderten Garantien den Friedensvertrag und ein Schutz- und Trutzbündnis mit Preußen; darin unterstellt der König von Bayern im Kriegsfall seine Armee dem König von Preußen. Kriegsentschädigung und Abtretung von Grenzgebieten an Preußen
20. September: Preußen annektiert Hannover, Kurhessen, Nassau und Frankfurt am Main
Österreich scheidet aus dem deutschen Reichsverband aus
10. November–10. Dezember: Frankenreise des Königs
25. November: Prinz Otto nimmt die Verteilung der Auszeichnungen an Offiziere und Mannschaften aus dem Feldzug 1866 vor
31. Dezember: Ludwig II. beruft statt von der Pfordten Fürst Chlodwig von Hohenlohe-Schillingsfürst

1867 22. Januar: Verlobung König Ludwigs mit Herzogin Sophie, Tochter von Herzog Max in Bayern und Schwester von Kaiserin Elisabeth von Österreich

31. Mai/1. Juni: Zusammen mit seinem Bruder Otto unternimmt Ludwig eine Reise nach Eisenach zum Besuch der Wartburg
Juni: Befehl zur Neuausstattung der Königswohnung
20.–29. Juli: Reise König Ludwigs nach Paris zur Weltausstellung. Gespräch mit Napoleon III. Ludwig lehnt ein süddeutsches Bündnis mit Frankreich aus nationaler Gesinnung ab. Besichtigung des Schlosses Pierrefonds
10. Oktober: Die Verlobung zwischen Ludwig II. und Herzogin Sophie in Bayern wird gelöst

1868 29. Februar: König Ludwig I. stirbt in Nizza
29. April: Prinz Otto wird von seinem Bruder in den Georgiritterorden aufgenommen
21. Juni: Uraufführung der ›Meistersinger von Nürnberg‹ im Münchener Hoftheater
2.–10. August: Reise des Königs mit Prinz Otto nach Kissingen; Treffen mit dem russischen Kaiserpaar
26. September Zarin Maria Alexandrowna kommt nach Schloss Berg

1869 27. August: Grundsteinlegung zum Königshaus auf dem Schachen
5. September: Grundsteinlegung zu Schloss Neuschwanstein
22. September: Uraufführung der Oper ›Rheingold‹ in München
18. Dezember: Königinmutter Marie ruft zur Gründung des Bayerischen Frauenvereins (Bayerisches Rotes Kreuz) auf; Ludwig II. unterstützt die Gründung

1870 17. Januar: Landtagseröffnung unter Teilnahme von Prinz Otto. Der Bayerische König schwört Preußen Bündnistreue
7. März: Ministerpräsident Hohenlohe muss seinen Abschied nehmen. Berufung des Grafen Bray-Steinburg
26. Juni: Uraufführung der ›Walküre‹ in München
14. Juli: Kriegsminister Freiherr von Pranckh erklärt ohne Rückfrage beim König, dass Bayern Preußen bei einem französischen Angriff unterstützen werde.
15. Juli: Der Ministerrat erbittet vom König den Mobilmachungsbefehl
16. Juli: Frankreich erklärt Preußen den Krieg. Ludwig II. befiehlt die Mobilmachung gegen Frankreich, gleichzeitig läuft der letzte Friedensvermittlungsversuch Bray-Steinburgs
27. Juli: Festvorstellung im Hoftheater zu Ehren des Kronprinzen von Preußen
Prinz Otto nimmt an der letzten von König Ludwig abgehaltenen »Königsparade« teil und geht dann auf den Kriegsschauplatz ins Hauptquartier des Königs von Preußen, des späteren Kaisers Wilhelm
1. September: Schlacht bei Sedan. Die Franzosen werden unter Mitwirkung des I. bayerischen Armeekorps (Freiherr Ludwig von der Thann) vernichtend geschlagen. Kaiser Napoleon III. gerät in deutsche Gefangenschaft
13. September: Ludwig II. gibt Bismarck seine Bereitschaft zu einem Verfassungsbündnis bekannt

30. September: Auftrag zum Ausbau des Königshäuschens, damit Baubeginn für Schloss Linderhof
20. Oktober: Die bevollmächtigten Minister Bray-Steinburg, Lutz und Pranckh reisen nach Versailles
23. November: Versailler Verträge. Bayern tritt dem Deutschen Bund bei und erhält Zugeständnisse in der Frage der föderativen Sonderregelung
30. November: »Kaiserbrief« Ludwigs an König Wilhelm I. von Preußen; Anregung zu einer Wiederherstellung der deutschen Kaiserwürde und eines Deutschen Reiches. Überreichung durch den Prinzen Luitpold

1871 Erneute Abreise Prinz Ottos ins Hauptquartier. Nach Beendigung des Feldzugs erhält er das Eiserne Kreuz
18. Januar: Gründung des Deutschen Reiches. König Wilhelm I. von Preußen wird deutscher Kaiser. Prinz Otto ist in Vertretung seines Bruders bei der Kaiserproklamation zugegen. Bismarck wird Reichskanzler
26. Februar: Vorfriede von Versailles zwischen Deutschland und Frankreich. Lothringen und das Elsaß kommen an das Deutsche Reich.
16. April: Verfassung des Deutschen Reiches, rechtskräftig am 4. Mai 1871
10. Mai: Friede von Frankfurt am Main
10. Mai: Die Geisteskrankheit von Prinz Otto verschlimmert sich; er wird ärztlich überwacht
16. Juli: Einzug der siegreichen bayerischen Armee in München unter Kronprinz Friedrich Wilhelm von Preußen. Zusammentreffen König Ludwigs mit dem preußischen Kronprinzen
31. August–2. Juni 1872: Graf Friedrich von Hegnenberg-Dux Nachfolger von Bray-Steinburg
15. November: Die Geisteskrankheit von Prinz Otto wird an Bismarck gemeldet

1872 19. März: König Ludwig kauft das Gärtnerplatz-Theater
5. Mai: Erste Separatvorstellung für den König
22. Mai: Grundsteinlegung zum Festspielhaus in Bayreuth

1873 Prinz Otto plant, seinen Wohnsitz auf die Kanarischen Inseln zu verlegen.
26. September: König Ludwig kauft die Herreninsel im Chiemsee

1874 Januar: Kaiserin Elisabeth in München. Besuch des Cholera-Spitals und des Irrenhauses
20.–28. August: Zweite Reise Ludwigs II. nach Paris
12. Oktober: Königinmutter Marie tritt in Waltenhofen zur katholischen Kirche über

1875 9. Februar: Gutachten Dr. Guddens über Prinz Ottos Geisteszustand
27. Mai: Ausbruch der Geisteskrankheit bei Prinz Otto. Er wird nach Schloss Schleißheim verbracht, wo er bis 1879 bleibt
22. August: König Ludwig nimmt letztmals an der Großen Königsparade auf dem Marsfeld in München teil
24.–27. August: Reise des Königs nach Reims wegen seines Interesses an der Geschichte der Jungfrau von Orléans

1876 6.–9. und 27.–31. August: Reise des Königs zu den Bayreuther Festspielen. ›Der Ring des Nibelungen‹ uraufgeführt

1877 25. August: Die Grotte in Linderhof ist vollendet

1878 11. Mai: Attentat auf den deutschen Kaiser Wilhelm I.
21. Mai: Grundsteinlegung zu Schloss Herrenchiemsee
27. Juni: Der König mit Kronprinz Rudolf, Sohn der Kaiserin Elisabeth, auf der Roseninsel

1880 13. März: Prinz Otto wird von Schloss Schleißheim endgültig nach Schloss Fürstenried verbracht, da sich seine Krankheit verschlimmert hat
22. August: Letzte Proklamation des König Ludwigs an das bayerische Volk

1881 13. März: Zar Alexander II. bei einem Bombenattentat getötet. Nachfolger auf dem Thron wird sein Sohn Alexander III.
27. Juni–14. Juli: Reise des Königs mit dem Schauspieler Josef Kainz in die Schweiz

1882 26. Juli: Uraufführung des ›Parsifal‹ in Bayreuth

1883 13. Februar: Richard Wagner stirbt in Venedig

1884 16. Mai: Der König kauft die Ruine Falkenstein
27. Mai–8. Juni: Der König wohnt erstmals im Schloss Neuschwanstein

1885 14. Oktober: König Ludwig trifft zum letzten Mal seine Mutter

1886 8. Juni: Gutachten der Ärzte über den Gesundheitszustand König Ludwigs
9. Juni: Entmündigung des Königs
10. Juni: Prinz Luitpold übernimmt die Regentschaft. Die erste Kommission erscheint in Schloss Neuschwanstein
12. Juni: Die zweite Kommission bringt den König nach Schloss Berg.
13. Juni: Der König stirbt zusammen mit Dr. Gudden unter nicht genau geklärten Umständen im Starnberger See
14. Juni: Eine Proklamation verkündet offiziell, dass die Krone an den Prinzen Otto übergeht

1889 17. Mai: Die Königinmutter Marie stirbt in Hohenschwangau

1912 12. Dezember: Tod des Prinzregenten Luitpold, des Stellvertreters von Otto, im Alter von beinahe 90 Jahren
8. November: Prinzregent Luitpolds Sohn Ludwig wird als Ludwig III. bayerischer König. Otto darf seinen Titel Otto I. König von Bayern behalten, verliert aber zeitlebens den Anspruch auf Regierungsfähigkeit. In Bayern gibt es somit zwei Könige

1916 11. Oktober: König Otto stirbt in Schloss Fürstenried
14. Oktober: Beisetzung König Ottos in der Gruft der St. Michaelskirche in München nahe beim Sarkophag seines Bruders

1918 Kurt Eisner beendigt mit einem Staatsstreich die Monarchie in Bayern und ruft die Republik aus
13. November: König Ludwig III. dankt ab

1921 21. Oktober: Ludwig III. stirbt auf Schloss Sárvár in Ungarn

Literaturhinweise

Albrecht, Günter: Seine Majestät der König. Aus dem Leben Ludwigs II. von Bayern. München 1995
Ein unterhaltsam aufbereitetes Lebensbild

Böhm, Gottfried von: Ludwig II. König von Bayern. Sein Leben und seine Zeit. Berlin 1924

Herre, Franz: Bayerns Märchenkönig Ludwig II. Wahrheit und Legende. München 1986 (4. Auflage)
Eine große Biografie über Ludwigs Leben, Land und Zeit – ein wesentlicher Beitrag zu einer differenzierten Geschichtsbetrachtung

Hüttl, Ludwig: Ludwig II. von Bayern. München 1986
Eine sehr ausführliche Biografie

Liebhart, Wilhelm: Königtum und Politik in Bayern. Frankfurt 1994
Eine zuverlässige Einführung in die bayerische Geschichte des 19. Jahrhunderts

Münster, Robert: König Ludwig II. und die Musik. Rosenheim 1980
Die einzigartige Freundschaft zwischen dem König und dem Dichterkomponisten Richard Wagner führte zu einer überragenden Bedeutung Ludwigs II. für die Musikgeschichte

Naegele, Verena: Parzifals Mission. Köln 1995
Der Einfluss Richard Wagners auf Ludwig II. und seine Politik

Nöhbauer, Hans F.: Auf den Spuren König Ludwigs II. München 1986

Petzet, Michael/Bunz, Achim: Gebaute Träume. Die Schlösser Ludwigs II. von Bayern. München 1998
Mit seinen Schlössern hat sich Ludwig II. die theatralische Illusion eines absoluten Königtums geschaffen, das ihm im bürgerlichen 19. Jahrhundert nicht vergönnt war

Petzet, Michael/Neumeister, Werner: Die Welt des bayerischen Märchenkönigs – Ludwig II. und seine Schlösser. München 1980

Rall, Hans/Petzet, Michael: König Ludwig II. – Wirklichkeit und Rätsel. München 1968

Schad, Martha: Bayerns Königinnen. Regensburg 1995 (3. Auflage)
Darin: Ausführliches Lebensbild über Königin Marie von Bayern, Ludwigs Mutter

Schad, Martha und Horst: Cosima Wagner und Ludwig II. von Bayern – Briefe. Eine erstaunliche Korrespondenz. Bergisch Gladbach 1996

Schad, Martha: Die Familiengeschichte der Wittelsbacher in Bilder. Regensburg 1994/ Augsburg 1999

Schad, Martha: Elisabeth von Österreich. München 1998 (2. Auflage)
Elisabeth und ihren Königsvetter verband eine große Zuneigung.

Schad, Martha: Frauen, die die Welt bewegten. Augsburg 1997
In diesem Buch mit 100 Frauenportraits findet sich unter anderem auch der Lebensweg der Mutter Ludwigs II., der Königin Marie von Bayern

Schad, Martha: Kaiserin Elisabeth und ihre Töchter. München 1997
Der Bildband mit 240 Abbildungen zeigt erstmals die Lebenswege der Töchter der Kaiserin Elisabeth von Österreich auf, die den bayerischen König bestens kannten

Schlim, Jean Louis: Schloss Hohenburg. Oberhaching 1998
Das sommerliche Jagdschloss des herzoglichen Hauses Nassau war häufig Station König Ludwigs auf seinem Weg zum Jagdhaus in der Vorderriß

Schlimm, Jean Louis: Ludwigs Traum vom Fliegen. Oberhaching 1995
Bayerns Märchenkönig wollte eine Flugmaschine bauen, ein Traum, der nie verwirklicht, dennoch nie aufgegeben wurde

Schmidbauer, Wolfgang/Kemper, Johannes: Ein ewig Rätsel will ich bleiben mir und anderen – Wie krank war Ludwig II. wirklich? München 1986

Schweiggert, Alfons: Der Kronprinz. Kindheit und Jugend König Ludwigs II. von Bayern. Pfaffenhofen 1995
Ausführliche Biografie über die Kindheit und Jugend des bayerischen Kronprinzen

Schweiggert, Alfons: Schattenkönig. München 1992
Ein Lebensbild über Prinz Otto, Bruder Ludwigs II. von Bayern

Wöbking, Wilhelm: Der Tod König Ludwigs II. von Bayern. Rosenheim 1986

Register

Bildnachweis

Archiv für Kunst und Geschichte, Berlin 19, 31, 34, 49, 50, 57
Bayerische Staatsgemäldesammlungen, München 11
Bayerische Verwaltung der staatl. Schlösser, Gärten und Seen 1 (Foto: Härtl-Herpich), 4, 6, 7, 13, 16, 29, 30, 32, 33, 40, 43, 51, 54, 55, 59 (Foto: Mager), 60, 61, 63, 65, 66, 67, 68, 69
Bayrisches Armeemuseum, Ingolstadt 36, 39 (Foto: Scheuerer)
Bayerisches Hauptstaatsarchiv, München 3, 8, 37
Bildarchiv Preußischer Kulturbesitz, Berlin 22
Bilderdienst des Süddeutschen Verlags, München 38, 72
Büste von Wilhelm von Rümann, H. Reidelbach, »90 Jahre, ›In Treue fest‹«, Festschrift zum 90. Geburtstag und 25-jährigen Regierungsjubiläum des Prinzregenten Luitpold von Bayern 64
Deutsches Theatermuseum München 25 (rechts), 46
Germanisches Nationalmuseum, Nürnberg 14
Hamburger Kunsthalle 41
Karl Joss, Rosenheim 27, 62
Max Prugger, München 12
Münchner Stadtmuseum 2, 17, 28
Nationalarchiv der Richard-Wagner-Stiftung/Richard-Wagner-Gedenkstätte 42, 47, 48
Thurn und Taxis, fürstliche Kunstsammlung 26
Verkehrsmuseum, Nürnberg (Privatbesitz) 21
Wittelsbacher Ausgleichsfonds, München 8, 10, 15, 18, 23, 25 (links), 53, 56

Die Rechte der hier nicht aufgeführten Abbildungen liegen bei der Autorin oder konnten nicht ausfindig gemacht werden. Berechtigte Ansprüche werden selbstverständlich angemessen abgegolten.

dtv portrait

Herausgegeben von Martin Sulzer-Reichel
Originalausgaben

Biographien bedeutender Frauen und Männer aus Geschichte, Literatur, Philosophie, Kunst und Musik

Hannah Arendt. Von Ingeborg Gleichauf. dtv 31029
Johann Sebastian Bach. Von Malte Korff. dtv 31030
Ingeborg Bachmann. Von Joachim Hoell. dtv 31051
Thomas Bernhard. Von Joachim Hoell. dtv 31041
Hildegard von Bingen. Von Michaela Diers. dtv 31008
Otto von Bismarck. Von Theo Schwarzmüller. dtv 31000
Heinrich Böll. von Viktor Böll und Jochen Schubert. dtv 31063
Die Geschwister Brontë. Von Sally Schreiber. dtv 31012
Giordano Bruno. Von Gerhard Wehr. dtv 31025
Georg Büchner. Von Jürgen Seidel. dtv 31001
Fidel Castro. Von Albrecht Hagemann. dtv 31057
Frédéric Chopin. Von Johannes Jansen. dtv 31022
Joseph Conrad. Von Renate Wiggershaus. dtv 31034
Hedwig Courths-Mahler. Von Andreas Graf. dtv 31035
Marlene Dietrich. Von Werner Sudendorf. dtv 31053
Annette von Droste-Hülshoff. Von Winfried Freund. dtv 31002
Alexandre Dumas. Von Günter Berger. dtv 31061
Marieluise Fleißer. Von Carl-Ludwig Reichert. dtv 31054
Theodor Fontane. Von Cord Beintmann. dtv 31003
Friedrich II. von Hohenstaufen. Von Ekkehart Rotter. dtv 31040
Max Frisch. Von Lioba Waleczek. dtv 31045
Günter Grass. Von Claudia Mayer-Iswandy. dtv 31059
Heinrich Heine. Von Jan-Christoph Hauschild. dtv 31058
Jimi Hendrix. Von Corinne Ullrich. dtv 31037
Hermann Hesse. Von Klaus Walther. dtv 31062
Alfred Hitchcock. Von Enno Patalas. dtv 31020
Victor Hugo. Von Jörg W. Rademacher. dtv 31055
Jesus von Nazaret. Von Dorothee Sölle und Luise Schottroff. dtv 31026
Janis Joplin. Von Ingeborg Schober. dtv 31065
Novalis. Von Windfried Freund. dtv 31043
Franz Kafka. Von Detlev Arens. dtv 31047
Immanuel Kant. Von Wolfgang Schlüter. dtv 31014
Erich Kästner. Von Isa Schikorsky. dtv 31011
Heinrich von Kleist. Von Peter Staengle. dtv 31009
John Lennon. Von Corinne Ullrich. dtv 31036
Stéphane Mallarmé. Von Hans Therre. dtv 31007
Klaus Mann. Von Armin Strohmeyr. dtv 31031
Maria Theresia. Von Edwin Dillmann. dtv 31028
Karl May. Von Klaus Walther. dtv 31056
Jim Morrison. Von Ingeborg Schober. dtv 31049
Nostradamus. Von Frank Rainer Scheck. dtv 31024
Pablo Picasso. Von Hajo Düchting. dtv 31048
Edgar Allan Poe. Von Frank Zumbach. dtv 31017
Karl Popper. Von Martin Morgenstern und Robert Zimmer. dtv 31060
Marcel Proust. Von Fritz Glunk. dtv 31064
Rainer Maria Rilke. Von Stefan Schank. dtv 31005
John Steinbeck. Von Annette Pehnt. dtv 31010
August Strindberg. Von Rüdiger Bernhardt. dtv 31013
Giuseppe Verdi. Von Johannes Jansen. dtv 31042
Oscar Wilde. Von Jörg W. Rademacher. dtv 31038
Frank Zappa. Von Carl-Ludwig Reichert. dtv 31039